Motivation Revolution

Hacks for millennial generation

稼ぐために
働きたくない世代の
解体書

モチベーション革命

尾原和啓

幻冬舎

Kazuhiro Obara

モチベーション革命

稼ぐために働きたくない世代の解体書

はじめに

モチベーション革命

出世するため、お金のため、モテるため、美味しい食事やワインをたのしむために、人生まるまる仕事に捧げる上司を見て、「自分はこうはなれない」「自分はこうはなりたくない」と思ったことはないでしょうか。

やる気がないわけではないけれど、そんな上司のようなモチベーションは自分にはない。かといって、なんのためなら頑張れるか、分からない。

そんなことを思ったことはないですか。

実は、「なんのために頑張るか」という働くための価値観、つまりモチベーションが、ある世代を境に大きく変わってきています。

フジテレビの日枝久元会長、読売新聞グループ本社代表取締役主筆の渡邉恒雄さん、元総理の森喜朗さん……。

団塊世代より10年以上も上の彼らは、戦後の何もなかったころに、欲望と共に成功に向かって駆け抜けました。

お金を稼ぎたい、広い家を建てたい、いいクルマを買いたい、きれいな女性を抱きたい。欲望への飢餓感と上昇志向と共に成り上がっていきました。

ないものを、いかに埋めるか。それが最大のモチベーションだったのです。

しかし、時代は大きくうつり、今の30代以下は団塊世代以上とは全く異なる価値観を持っています。

生まれたころからすでに何もかもが揃っていたので、物や地位などを欲して頑張ることはない。

埋めるべき空白が、そもそもないのです。

そう、あなたには生まれたときから「ないもの」がない。だから何かが欲しいと「乾けない」。

だから、あなたの世代のことを「乾けない世代」と呼ぶことができます。

あなたは、出世や金銭的な成功というニンジンを目の前にぶら下げられても走らない。だからといって本当にあなたには欲望やモチベーションがないのでしょうか？

本書の結論はあなたこそが、この変化の時代特にＡＩ（人工知能）によって仕事がなくなっていく時代のなかで希望の世代であるということです。そのなかで、伝えたいことは大きく３つあります。

・上の世代から理解されないなか、自らをダメと思ってしまっている「呪い」をどうやってといていくのか？
・自らのうちにある「本当に大事なもの」をどうやって育んでいくのか？
・上の世代とコラボレーションしていくため、変化の時代に対応していくためにいかにチームを作っていくか？

まず、なぜあなたは、出世や金銭的な成功というニンジンを目の前にぶら下げられても走らないのでしょうか？

第1章で、詳しく説明しますが、アメリカ人心理学者のマーティン・セリグマンが唱えたように、人間の欲望というのは、

「達成・快楽・意味合い・良好な人間関係・没頭」の5つからなります。

団塊世代以前は前の2つ、「達成」「快楽」を強く欲しました。

汗水垂らして頑張って、高い目標を達成する。そして、そのごほうびとして、美味しい料理を食べ、ワインを飲み、きれいな女性と一夜を共にするなどの「身体的・心理的・社会的な快楽」を味わうことが幸福のカタチでした。

しかし「乾けない世代」は、うしろの3つ、「意味合い」「良好な人間関係」「没頭」を重視します。

何か大きな目標を達成するため、「身体的、心理的、社会的な快楽」を味わうことのためだけに、一心不乱に頑張ることはできないのです。

それよりも、「自分が頑張る意味が持てるもの」に「自分が好きな人たち」と「ことんハマる」ことを重要視する。金銭や物理的な報酬とは関係なく〝自分の好き〟を追求する。

出世するために残業する気は起こらないけれど、好きな友達と、お気に入りのアイドルのライブを助けるボランティアスタッフとしてなら、朝まで働ける。そんな気持ちになったことはないでしょうか？

そんな新しいモチベーションを持つ「乾けない世代」が、これからは世の中の中心になっていきます。

ダーウィンは、「生き残る種とは、最も強いものではない。最も知的なものでもない。それは、変化に最もよく適応したものである」という有名な言葉を残しました。

社会とテクノロジーが進化しても、人間の身体の形はほとんど変わっていません。しかし、その人間を動かすガソリンである、モチベーションの形というのは革命的に変わってきているのです。

モチベーションの変化は目に見えないものですが、この「モチベーション革命」を正確に捉えられなければ、自分をドライブできないし、チームとしても仕事と人を上手《うま》く動かすことはできません。

本書は未だに誰も言語化できていない「モチベーション革命」の全貌を把握するために生まれた本です。

第1章では、旧来の「乾いている世代」と比較しながらこれからの希望の星である「乾けない世代」がいかなるモチベーションで仕事に向かい、人生を生きているか、明らかにします。

第2章では、これからの世の中の変化を描きながら、「乾けない世代」のモチベーションのあり方が、いかに時代に求められていくかを提示します。

第3章では、この「乾けない世代」をどう掛け算していくことが、組織として、大事になっていくか、マネジメントの観点から論じます。

そして第4章では「個人」として、いかに生きていくかを私自身のライフスタイルを紹介しながら考えていきます。

本書を通して、「乾けない世代」のみなさんが、自分のモチベーションを客観的に理解し、人生を迷いなく生きられるようになればこれほど嬉しいことはありません。

しかし、世の中を良い方向に変えていくには「乾けない世代」だけでは、足りないのも事実です。

彼ら、彼女らを生かすも殺すも、その上の世代が、「宇宙人」のように見える彼ら、彼女らといかに共存・コラボレーションしていくかにかかっています。

なぜ残業しない？　なぜ会社をすぐ辞める？　など、理解不能に見える日常の行動にもしっかりとした彼ら、彼女らの言い分がある。上の世代の読者には「乾けない世代」の取り扱い説明書として読んでいただけたらと思います。そして、「乾けない世代」をより理解し、活かしていただきたいです。時代に合った強い組織を作るためには「乾けない世代」といかにコラボレーションしていくかが鍵を握ります。

ＡＩの時代になって、合理的、作業的なことは、もはや人間がコンピューターに勝つことはできなくなりました。

しかし、「なぜか自分だけが頑張る意味が持てるもの」。つまり偏った愛、偏愛によるモチベーションは、人間にしかないものです。

「乾けない世代」が持つ変化した「モチベーションの正体」を正しく理解し、扱うことこそが、この世の中を動かす、最大の武器になっていくと僕は確信しています。

目次

第３章 異なる「強み」を掛け算する最強チームの作り方 90

第4章 個人の働き方 150

第1章

「乾けない世代」とは何か？

「やる気が起きない」
「やる気を起こさせることができない」

日々、自分なりに頑張ってはいるけれど、いまいち頑張る意味が見えてこない。そんな「モチベーション迷子」になっている人が多いのではないでしょうか？

第1章では、旧来の「乾いている世代」と比較しながら、「乾けない世代」が誕生した背景と、彼らが持つ「モチベーションの正体」を明らかにします。

何もなかった世代と「すでにある世代」

上の世代のサラリーマンは、立身出世のためなら家庭を犠牲にしてしまうのが、企業戦士としてむしろ美徳とされてきました。残業して、接待して、汗ばんだシャツのままリビングで寝てしまう……。

たとえそんな姿を家族から尊敬されなくても、彼らには「自分たちこそがこの国を作っている」「この社会を支えている」という自負があった。個人という小さなものより、もっと大きなものを一心に見つめてきたのがこの世代でした。

そんな時代を知らない30代以下の「乾けない世代」にとって、最も犠牲にしたくないものが「自分の時間」です。出世のために、付き合いの飲み会に無理やり連れて行かれるくらいなら、出世なんてしなくていいから、家に帰って家族と温かいご飯が食べたい。気を許せる友人たちと楽しく過ごしたい。趣味の時間を充実させたい。仕事が絶対ではなく、仕事と並列に、家庭や自分の時間を大切にしたい。

何より、どうしてそれらを犠牲にしてまで、やりたくない仕事を優先しなければいけないのか分からない。

自己成長と社会貢献がつながっていた「乾いている世代」

上の世代は、「世の中の空白を埋めるように」仕事をしてきた世代です。社会にないものを生み出し、収入を増やし、家のテレビを白黒からカラーに変えて、電車通勤から車通勤に変えていった。彼らが幸福だったのは、何かを達成することが、同時に社会貢献につながっていたからです。

例えばトヨタは、会社が大きくなればなるほど、誰の目にも分かるように、お膝元《ひざもと》の豊田市が豊かになっていく。トヨタのテレビCMが流れるようになると、「トヨタで働いているの?」と羨《うらや》ましがられる。上の世代は、自分の成長が同時に会社の成長になり、それが社会の成長につながっていくのを実感することができた世代なのです。

さらに、仕事で良い成績をおさめ、何かを達成すれば、今までできなかったことができるようになる。海外旅行に行けるようになったり、会員制バーのVIPルームに入れたり、美女と付き合えるようになったり……。そういうご褒美がもらえることが、モチベーションにつながっていきました。

いわば「乾いている世代」である上の世代のモチベーションは「国」や「社会」を

動かし、支えていくという「大きな枠」で作り上げられてきました。

一方、「乾けない世代」のモチベーションは「家庭」「友人」「自分」という、「小さくて身近な枠」で作り上げられています。

なぜなら、上の世代がある程度社会を作り上げてしまったので、「乾けない世代」は「すでに作り上げられた社会」の上に立たされているからです。「大きな枠」はもはや変えようがないから、「小さくて身近な枠」を大切に生きていく。けれど、働き方のルールだけが変わらないから、もう何かを建てる余白は残っていないのに、上の世代からは「これを持って戦え!」と、とりあえずトンカチを持たされている。そんな、とんちんかんなズレが生じています。

社会も経済も激変したのに、働き方のルールは変わらない。このズレを認識しないと、「乾けない世代」は力を発揮することができません。

サイゼリヤのワインで十分だ

上の世代は、頑張って何かを達成することが生きがいです。必死の思いで働いて、ウン年モノのワインで美女と乾杯し、誰よりもいいクルマに乗る。努力の末に栄光を勝ち取り、称賛を浴びる。「達成」こそが、彼らにとって生きるうえで欠かせないモチベーションになっているのです。

彼らの幸せは、達成しても達成しても永遠に乾くことのない欲望を抱えていられることでもあるのです。乾かない欲望を持ち続けることが成功の条件とも言えます。その裏には、「なかったことへのコンプレックス」があります。上の世代の成功者と言われる人たちはみな貪欲です。だからこそ、彼らの目に映る「乾けない世代」は、欲が足りないように見えてしまうのです。コンプレックスをバネにしてこそ輝くのが、上の世代の美学なのです。

一方、「乾けない世代」は、何かを「達成」することにそれほど心を動かされません。なぜなら、「何もなかった時代」を知らないからです。生まれたときにはテレビも冷蔵庫もあって、ベッドから起き上がらなくたって、リモコンやケータイひとつでなんでもできました。社会に出てみたら、もうあらゆる業界で、あらゆることがなされており、今から何かのパイオニアにはなれそうもない。

生まれたときから十分なモノに囲まれて育った彼らは、「ないものを勝ち得るために我慢する」という上の世代の心理は理解できないのです。さらに言えば、彼らは上の世代に対し、「達成」にこだわることのアンバランスさを感じてもいます。

「確かに、何か大きなことを『達成』して飲む極上のワインは美味しいかもしれない。でも、『達成』する前に飲んでもよくない……？　てか、友達とサイゼリヤのワイン（マグナム）で気楽に乾杯するほうが楽しいんだけど」というのが本音です。

世界で一番質素なお金持ち

これら世代間のモチベーションの差が顕著な例を、今のＩＴ企業に見ることができます。

ＩＴ業界における「上の世代」の代表として挙げられるのが、楽天の三木谷浩史さんと、サイバーエージェントの藤田晋さんです。

楽天は「世界一のインターネット・サービス企業へ」を標榜しました。三木谷さんにとっては「世界一」という分かりやすい達成目標がモチベーションになっていて、そのすさまじいエネルギーによって、ショッピング、クレジットカード、旅行、証券、銀行など様々なサービスを日本の主要サービスとして提供・展開していっていて、ＣＥＯである三木谷さんは日本の長者番付（Forbes Japan 2017年調査）で5位、６７７０億円の資産を持つ成功をされています。

サイバーエージェントは、「21世紀を代表する会社を創る」という壮大な目標を掲げています。実際、藤田さんは赤字の時期を耐えながら、見事ブログとゲームの組み合わせという日本独自のＡｍｅｂａというサービスを大成功させ、今はＡｂｅｍａＴＶという新しいインターネットテレビの形を作るために根気強く進んでいっています。大きな目標を掲げて、事業内容は市場変化に合わせて拡大させる、というサイバーエージェントでは、若い社員の個性を活かすことでも有名で、20〜30代という若い社員の抜擢も盛んです。「働きがいのある会社」ランキングでは、長きにわたり上位をマークしています。

一方で、ここに掲げているものにある違和感は、「世界一」「21世紀を代表する」ということ。「達成する大きさ」は書かれてますが、「何を」するか？ がありません。この「何を」「何のために？」という具体的目標がなくても全力で走り続けることができるのは、「上の世代」の羨ましさであり、今の世代の方にとっては違和感を覚えてしまうポイントだと思います。

一方、facebookのCEOであるマーク・ザッカーバーグさんは「Forbes世界のお金持ちランキング」2017で5位になり、6・2兆円の資産があるにもかかわらず質素な生活をしていることで有名です。いつも着る物はTシャツとジーパンです。そういったこともあり彼は「世界一プア（質素）な金持ち」と言われています。

facebookは彼がハーバード大学の学生だった、19歳のときに始めたサービスです。最初は大学生に限定したサービスでしたが、間口をひろげ会員が増えていき、今は世界で20億人が使っています。もしかしたら若い方にはInstagramを買収した企業といったほうが分かるかもしれません。彼は、Instagramが「社員13人、売上高ゼロ」のときに、810億円で買収しました。それが今やInstagramは世界で7億人、400億枚以上の写真が共有されるサービスに成長しています。そもそも、彼はMicrosoft、Yahoo!などいくつもの大企業から1000億円もの買収提案をうけながらも、自らサービスを高めることに専念し、会社を上場させ、23歳で世界最年少のビリオネア（10億ドル＝1000億円以上の資産家）となりました。

それでも借家に住み、ようやく引っ越したかと思えば徒歩10分でオフィスに通えるほうがいいと、資産の3％以下の質素な家から徒歩か自転車でオフィスに通い、買った車もホンダアキュラと地味なものでした。友人には「安全で快適な車が欲しい」と相談していたそうです。

そして、娘が誕生すると、妻のプリシラ・チャンさんと保有する資産の99％を寄付すると発表します。この時の相場でいえば5・5兆円もの金額です。

ザッカーバーグ夫妻は財団を設立し、「世界の人々をひとつにつなげ、次の世代を担うすべての子どもたちのために、人間の可能性を拡大し平等を推進する」という目標を掲げています。実際、「今世紀中にすべての病気の治療を可能にする」ために30億ドル（約３３００億円）を投資しています。

彼はまさに「金銭的な快楽」よりも、「意味合い」を大事にする世代の代表といえるでしょう。

彼は「世界をよりオープンで、みんながつながり合える場所にする」ということに「意味合い」を感じ、仕事でもプライベートでもそれに向かって「没頭」している。

「世界一プアなお金持ち」のザッカーバーグさんは、彼にとって世界で一番大きな「意味合い」を感じることに向かっているのです。

大事なことは、三木谷さんや藤田さんより、マーク・ザッカーバーグさんが偉いという話ではなく、２つの世代では、価値観が異なり、それ故に、モチベーションの起点が全く違うということなのです。

上の世代と今の世代のモチベーションの違いを理解していないと、価値観やモチベーションの持ち方の違いゆえ不幸が起こります。

「乾けない世代」が自分自身をダメだと思ってしまったり、上の世代が下の世代を理解できず新しい可能性を摘んでしまうことがあります。

やりたいことがないのは不幸？

ここまで読んで、「乾けない世代」の読者のなかには、ザッカーバーグさんのように「やりたいことで突き抜けた人は確かに憧れるけど、それがない人はどうしたらいいの？」と感じている人もいるのではないでしょうか？　厳しい言い方になりますが、やりたいことがない人にとっては、これからの時代は生き辛《づら》いでしょう。

上の世代では、別にやりたいことなんてなくても、与えられたことをこなして、人より良い結果を出せればそれで十分成功できました。大きな目標は誰かが掲げてくれたので、必死に「達成」を追い求めれば幸せでした。

しかし今は、「何が楽しいの？」「何をやりたいの？」ということを常に問われ、すべて自分で決めていかなければいけない時代です。ザッカーバーグさんの働き方は、そのことを表してもいます。

右向け右で、固定された目標に向かって歯をくいしばって頑張る人よりも、好きなことに夢中でいつも楽しそうな人のほうが、魅力的になっていきます。

今は、好きなことで楽しそうに仕事をしている人のもとには、自然と、お金や人が集まってくる時代になってきているのです。

幸せには、5種類ある

改めて、「乾けない世代」のモチベーションをより理解するために、「幸せの5つの軸」を見ていきましょう。

長年、心理学の世界では、「人の幸せはひとつの軸しかない」と言われてきました。しかしここ数年で、「いや、どうもひとつの軸にはまとめられない」ということが分かり、あらゆる学者が多様な幸せのあり方を定義しています。

「はじめに」で紹介した、アメリカ人心理学者で「ポジティブ心理学」の第一人者でもあるマーティン・セリグマンが唱えた「人の幸せは5種類に分けられる」というお話をご紹介します。

「達成」と「快楽」

1番めは、上の世代の幸せの源とされた「達成」。与えられた目標をクリアしたり、誰にもできなかったことを成し遂げたりするときに感じる幸せです。2番めは「快楽」。これは単純に言うとドーパミンを感じることで、ハンバーガーを食べたら幸せな気持ちになれるとか、好きな人と抱き合うこととかで得られるといった幸福感

マーティン・セリグマンが唱える5つの幸福

のことです。

特に昔の人達にとっては、この物理的なポジティブ感情が「達成」に紐付《ひもづ》きやすかったので目標達成をしてワインと美女、となったわけです。

しかし、バブル崩壊、リーマンショックを多感な時期に経験した若い方は、この「達成」に基づいた、物理的なポジティブ感情に対して、その脆《もろ》さを感じて、むしろネガティブな感情が紐付きやすくなっています。

「良好な人間関係」

3番めは、「良好な人間関係」。「別に何も達成しなくてもいい。ただ、自分の好きな人と笑顔で生きていければいい」という幸せを指します。地元が大好きで、週末のたびにみんなでわいわい飲み会をするのが好きな人、日頃からの付き合いを大切にして、同窓会に必ず参加する人も、この思想が強いでしょう。

セリグマンはこの「良好な人間関係」は人の幸せの基礎として捉えています。昔の世代の方々には、会社のためにすべてを注ぎ込むことが、一家の大黒柱として家庭を支えるという家族における「良好な人間関係」と、24時間戦えますか？　というCMに象徴されていたように会社における「良好な人間関係」をも両立させていてくれたのです。

そういった生き方に限界がきている時代のなかで、社会のパーツとしてではない「良好な人間関係」が大事になっているといえます。

「意味合い」

4番めが「意味合い」。英語では「ミーニング」という言い方をします。「意味合い」の具体例を見てみましょう。城の石垣を作っている2人の職人がいます。片方はつまらないと思いながら仕事をしていて、もう1人はいつも楽しそうに作業をしている。つまらない人は「毎日石を削っているばかりで、なんの変化も刺激もない。もう肉体労働で辛いし、何をやっているんだろう」と愚痴《ぐち》をこぼします。一方、楽しく作業をしている人は「この石垣ができたら、僕の息子も孫も、何代にもわたって平和に暮らせるようになる。こんなにやりがいのある仕事ができて、僕は幸せだ」と額に汗を光らせます。

後者の感じる幸せが、「意味合い」です。自分のやっている仕事が、大きな文脈のなかで誰かに貢献できている。さらに言えば、自分の大切な人のためになっていること。これを実感できることが、「意味合い」タイプの人にとって、モチベーションの源になるのです。

「没頭」

5番めは、「没頭」です。これは、職人気質の人が多い日本人が多く持つ幸せの感情です。プラモデルを組み立てるような細かな作業に集中しているときや、アクセサリー作りに夢中になっているときに幸せを感じる人は多いでしょう。「没頭」タイプの典型例がイチローです。彼は、メジャーリーガーとして活躍するようになった今なお、毎日、欠かさず素振りをしています。このようなすさまじい練習を続けられる彼は、きっと素振りのたびにこんなことをイメージしているのでしょう。
「今日のピッチャーはクレイトン・カーショウ。今、ツースリーに追い込まれていて、三塁にはアイツがいる。そこで俺は、こう出る！……うん、今のは手首の返しが遅かったな」。このように、自分が行うすべての作業に基準を設けて、そのなかで成長し続けるのが「没頭」なのです。

その真摯《しんし》な姿勢を支えているのは、成長し続けるためのプロ意識。「戦う相手は自分である」という心持ちです。

「幸せの軸」にはこの5つがあります。自分が何を幸せと感じるか、分析してみると、自分自身のモチベーションを引き出すうえで有効になるでしょう。

「乾けない世代」の幸せとは？

前項で紹介した5つの「幸せの軸」のなかで、上の世代は、「達成」と「快楽」を追求する人が多い世代でした。まさに「目標を達成してワインで美女と乾杯」です。つまり、「快楽」を満たすための手段としての「達成」でした。

一方で、「乾けない世代」は、「良好な人間関係」や「意味合い」を重視する人が非常に多いのが特徴です。仕事よりも、個人や友人との時間が大事。何気ない作業のなかにも〝今、自分がこの作業をやっている意味〟を見出せないと、とたんにやる気が起きなくなる。「没頭」タイプの人も多く、「いくら稼げるか」よりも「仕事に夢中になって時間を忘れてしまった」ということに喜びを感じます。

ここまでを読んで、「今の自分は仕事に意味合いも見出せているし、人間関係もいたって良好。好きな作業には十分没頭できている」という人は、おそらく自分が好きなことや得意なことを学生時代のうちに把握し、引き出し、磨いてきた人なのでしょう。ならば、ぜひそのまま成長を続けてほしいです。

一方、モチベーションを見失っている「乾けない世代」の多くは、自分の幸せを構築する要素が「意味合い」や「没頭」であるにもかかわらず、今の仕事のなかにそれらを見出せていない状態なのかもしれません。

社会的に見てくれが良さそうなことや、誰かが掲げた「大きな達成」を成し遂げるために、自分がもともと好きだったり得意だったりしたこととはかけ離れた仕事に仕方なくついた、「ライフ」と「ワーク」が完全にかけ離れている人なのではないでしょうか。

「乾けない世代」こそが活躍する

ここで認識しておかなくてはならないことがあります。それは、「乾けない世代」は、決められた目標に対してただ邁進《まいしん》してきた上の世代とは、戦う理由が違うということです。

そして、まさに「これをやれば成功する」という黄金律がない時代の今だからこそ、自分だけにしかできないことを突き詰め、楽しみをお金に換えていくことができる「乾けない世代」は強いのです。

あなたの心と身体のなかにも、まだ目覚めきっていない無数の可能性がざくざく眠っているはずです。どんな人のなかにも、その芽は眠っています。あとはそれをいかに見つけ、どんな嵐がきても、まっすぐ成長させていけるかどうかです。

もちろん、それは「乾けない世代」のみに限りません。47歳の僕ですら、常に自分のなかから、自分が熱狂できる芽を見つけ、育てることを何年も繰り返すことで、自分にしかできないことを更新し続けています。

「幸せの軸」の後ろの3つを追い求めることができれば、「モチベーション迷子」になることなく、自分の価値を高めていけるでしょう。

第2章

偏愛こそが人間の価値になる

ＡＩによって世の中はいかに変わるか。作業的に、効率的に、合理的に仕事を進めるうえでは、人間はもうロボットには勝てないでしょう。しかし、世界を変えるような新しいサービスや画期的なイノベーションは、１人の人間の偏愛によってしか生まれません。

これからは、この偏愛こそが人間の価値になる時代です。好きなことをやり続けることこそが最大の競争力となるのです。

ビジネスは
プロデューサーの
時代へ

みなさんもお気づきのように、仕事を頑張ったぶんだけ結果が出て、社会全体が成長していく時代はとうに終わりました。

理由は2つあります。ひとつは、日本の人口が減少傾向にあり、かつてのような右肩上がりの経済成長を望めないこと。もうひとつは、社会のＩＴ革命とグローバル化によって、あらゆる変化のスピードが速くなったこと。

たとえ今、好調な業績で安定しているように見える会社でも、いつ社会のルールが変わり、倒産するとも限らない。私達は、それほど先が見えず、変化に富んだ時代に突入しているのです。

「時代が変わる」ということは、働き方が変わる、ということでもあります。変化を捉えきれずに、自分の価値を上げることはできません。

時代と、それに伴う働き方の変化を、食品業界を例に解説していきましょう。

戦後の食料すら足りない時代では、いかに安く広く食べ物を配れるかが重視されました。よって仕事も、「全国民に健康的な食品を」と目標を決め、あとは決められた手順に沿って、ひたすら同じ商品を生産していればよかったのです。

しかし、どの家庭にも食品が行きわたるようになると、次は「品質」が求められるようになりました。「もっと美味しいものを安く食べたい」という消費者の欲求が生まれ、これらを解決することに重点が置かれるようになります。

よって仕事では、消費者の欲求という「課題」を解決する能力が求められるようになります。「美味しいものを安く」という「課題」を解決するために、ファミリーレストランや高品質なレトルト食品などが続々と生まれていきました。

では、今はどんな時代なのでしょうか？　美味しくて安いものが世の中に溢《あふ》れている昨今では、消費者の欲求はうんと多様化しています。「お肉を好きなだけ食べたい、でも痩《や》せたい」とか「SNSにアップして、いいね！　されたい」などと、非常に個人的で細やかな欲求です。

よって先に消費者の潜在的な欲求を見つける必要が出てきました。「太らない肉メニュー」を開発したり、インスタ用のかわいらしくデコレーションされたケーキを提供したりと、食にまつわる「体験」そのものをいち早く仕掛けていかなければ、めまぐるしく変化していく消費者の欲求に応えられなくなってしまったのです。

すでに世の中には必要最低限のものは溢れています。今は「どう遊ぶか」までを、提案してあげなければなりません。相手の潜在的な欲求を見つけ出して、体験をプロデュースしていくのが、これからの仕事なのです。

アイデアの次は「インサイト」

「ビジネスはアイデアが大事だ」とうたわれるようになって久しいですが、先ほどお話ししたように、今はユーザーの潜在的な欲求や、購買意欲のツボである「インサイト（新しい視点）」をすくい上げる時代です。

ＩＴビジネスの発信地であるシリコンバレーにあるベンチャー企業でも、すでに「インサイト」が重要視されています。かつて、シリコンバレーにおけるベンチャー企業の中心地は、関東でいうつくばのような、中心地から外れた地域でした。ところが、近年は都市部へと移行したのです。

かつてのＩＴベンチャーは、世の中に足りないシステムを作ることが目的とされたので、中心地から外れた静かな場所で、熱心なエンジニアたちが黙々と開発し続けるのが主流でした。

しかし、今は、世の中に足りていないものを見つけるのが困難なほど、すでにあらゆる課題解決がなされており、より新しい切り口や、物の見方を変えることが必要とされています。よってＩＴビジネスにおいてもＬＩＮＥのスタンプやInstagramのように、「みんな、こういうのってかっこいいよね、好きだよね！」という「インサイト」に基づいたユーザー目線のサービスを発信することが大事になってきたのです。より詳細にユーザー目線に立つためには、若者が集まる都市部でのリサーチが欠かせません。よって、ベンチャー企業は都市部に集中するようになったのです。

10代を中心に大人気のSNS「スナップチャット」を立ち上げた社長は、開発当時はまだ22歳でした。このことからも、いかにユーザーの目線で、「これがあると今までよりちょっと便利になる」とか、「人よりもかっこつけられる」というような、潜在的な欲求を探し当て、体験をプロデュースできるかに、ビジネスの焦点が当てられているのかが分かります。

残業するほど暇ではない

シリコンバレーでは、残業ゼロ、週休3日の会社も珍しくありません。また、彼らは仕事が終わったら一切電話に出ないことも多々あります。これは、サービス残業に慣れきっている日本人の私たちからすれば「労働時間が短くて、仕事が成立するのか」と疑問に思うかもしれません。

しかし、彼らは仕事を休んでいる間、ただ家でのんびりとしているわけではないのです。社員にしっかり休暇をとらせるという会社の目的には、「休んでいる間に、街でユーザーをしっかり観察してきてね」という意図が込められているのです。

つまり、休んでいる間に「インサイト」を発見してくるという〝仕事〟が課せられているということでもあるのです。理由はもちろん、ビジネスにおける優先事項が「決められたことをひたすらやる」ことから、「消費者の潜在的な欲求を発見し、提案する」へ変化したからです。

インサイトの吸収量を増やすうえで、一番手っ取り早いのが外部からの刺激を増やすことです。例えばみんなが働いている月曜日に仕事を休んで街を歩いていると、スーパーで主婦が何を買っているのか、街で子どもがどんな風に遊んでいるかが見えてくるでしょう。毎日、目の前の仕事に追われているサラリーマンには見ることのできない「リアル」です。

最近では日本でも、インサイトを重要視して、社員に積極的に休みをとらせる会社が増えてきています。例えば、有機野菜など安全食材の宅配サービスで知られる「オイシックス」では、「50パーセント社員」制度を実施しています。1年のうち50パーセントはオイシックスの社員として働き、50パーセントは世界中を旅したり、大学での研究に打ち込んだりして、「インサイト」をたくさん拾ってこよう、ということです。

つまり、1年中会社勤めをするのではなく、まずは自分が生活者として生きることで、世の中の潜在的なニーズを拾ってきなさいという意図が込められているのです。時間をかけて課題を解決することよりも、課題自体を発見したり、新しく課題を定義したりすることに投資するべき時代なのです。

Yahoo!でも、「週休3日」や「新幹線通勤」を実施して、ユーザーが潜在的に求めているものをしっかり観察する時間や空間をわざわざ設けています。こういった動きは、今後あらゆる業界で増えていくでしょう。

もはや、終わらない仕事に忙殺され、オフィスのデスクで残業していては、新しい価値は生み出せなくなってきているのです。

「ライフワークバランス」の時代

「せっかく週休3日なのに、結局休んでいても仕事のことばかり考えなければいけないのか」と思う人もいるでしょう。確かに、インサイトが重要視され、休日でもユーザー目線で観察する必要が出てくると、もはや仕事と休みの境目があやふやになってしまいます。

仕事と休みの境目がないと苦しいと感じる人は、そもそも、自分の幸せと、仕事が合っていないのかもしれません。なぜなら、仕事が楽しくて公私混同になっている人は、〝仕事をしている〟という意識ではなく、〝好きなことをしている〟という感覚で日々を過ごしているからです。

「仕事は辛いものだから、少しでも多く休んで私生活を充実させたい」と感じている人は、そもそも〝ライフ（＝余暇）〟と〝ワーク（＝仕事）〟が切り離されているのです。そして、今の日本のビジネスパーソンには、こういった人が非常に多いのが現状です。

しかし、「インサイト」が重要視され、仕事と遊びの境目があやふやとなった今では、なるべく仕事は「公私混同」で取り組んだほうが効果的です。

僕の周りを見ていても、仕事ができる人ほど、どんどん公私混同になっていく傾向があります。例えば、ぐっと目を引くキャッチコピーを生み出す人は、普段電車に乗っているときも中吊り広告や乗客の反応、窓の外を流れる巨大広告に至るまで、自然と観察してしまっているものです。

その顔はきっと、ちょっとにやけているでしょう。なぜなら、そうやって観察しているひとときが、彼には楽しくて仕方がないからです。彼にとって、人目を引くキャッチコピーを考えることは、もはやライフワークなのです。

ライフワークとは、たとえお金にはならなくてもついつい取り組んでしまうような、好きで好きでたまらない〝生きがい〟です。もしあなたが今、とても疲れているのなら「そんなものはない」とすぐにこの本を閉じたくなるかもしれません。しかし、どんな人にも、「このために生きているな」と思えるほど、好きなものが存在するのです。そしてそれを実感できるときが、あなたが元気になるときです。

僕の友人は、ライフとワークの境目がなくなりつつあるこの状況を指して、「これまでは『ワークライフバランス』の時代だった。これからは、『ライフワークバランス』の時代だ」と言いました。

自分が好きで仕方ないライフワークなら、放っておいても24時間、1年中考えていられます。つまり、ワークのなかのライフワークにおける部分をいかに広げていくかが大事、ということです。これは、ライフとワークが別々に独立していた時代が終わりつつあるということを表した言葉でもあると言えるでしょう。

念のために付け加えると、これは決して「自分の好きなことさえ磨き続ければ、どこでも生きていける」ということではありません。例えば僕は、転職した先でいつも真っ先に地味な仕事から手をつけます。他の人の手が回らなくなって停止状態のプロジェクトを整理したり、誰もが嫌がる契約解除の手続きをしたりします。

これらは、僕にとっても得意な作業ではありませんが、誰もがやりたがらない作業を率先してやることで、「いざとなったら、地味な作業もきちんとやってくれる」と周囲に信頼されるようになります。

仕事と遊びの境目がなくなる時代だからといって、好き放題やればいいというわけではありません。周囲からの信頼感を得ているからこそ、自分がより得意なことに専念する状況を作るスタートラインに立つ、ということは忘れないでいてくれると嬉しいです。いつの時代も、人は信頼がすべてです。少し話は逸れましたが、これだけはずっと変わらない社会のルールなのです。

人間がＡＩを使うか、
ＡＩに人間が
使われるか、
それすらも
まだ分からない

仕事における「インサイト」の重要性が増すことで、働き方は公私混同になっていきます。この現象をさらに後押ししていくのが、昨今話題になっているＡＩによる既存ビジネスへの影響です。テレビのニュースでも頻繁に取り上げられているとおり、世の中のあらゆる単純作業は、今後ロボットがやってくれるようになります。

例えば、アメリカでは試験的にAmazonの実店舗が開設され、レジ不要で買い物ができることで話題になりました。「Amazon Go」というアプリで入店時にチェックインをして、商品を持ったまま退店すれば、自動的にAmazonのアカウントに課金されるのです。これは、ＡＩ技術によってお客さんの顔を画像で認識したり、購入した商品を自動的に追跡したりする仕組みによって成り立っています。

これにより、レジスタッフが担っていた業務はすべてＡＩが一括管理するようになり、お店にレジスタッフはいらなくなります。これは単なる一例ですが、この現象はあと数年で世界中に一気に広がっていくでしょう。つまり、ワークだけの仕事は今後どんどんＡＩがやってくれるようになる、ということです。

ただ、こう言うと、ロボットは人の代わりに便利なことをやってくれる存在のようにイメージしてしまうかもしれません。ＡＩ技術は日々進化しているので、安易な認識をしてしまうと、未来の見通しに大きなズレが起きてしまいます。念のため、現時点で分かっているＡＩが示す近未来について、もう少し掘り下げておきましょう。

サンフランシスコ発のタクシーサービス「Uber」をご存知でしょうか？「Uber」は、アプリによって車両を持つ一般ドライバーと乗客をマッチングするサービスで、すでに日本にも参入しています。この仕組みによって、タクシードライバーは、タクシー会社に入社しなくてもアプリと自家用車だけで、ドライバーとして仕事ができるようになりました。「Uber」の成長は驚異的で、すでにアメリカでは「Uber」のみで年収６００万円を稼ぐドライバーがいたり、タクシー会社「イエローキャブ」が破産申請を提出するほどに追い込まれたりしています。

働く人間の立場から見れば、このサービスは「人が『Uber』を介していつでもどこでもドライバーになれる」という画期的なものに映るでしょう。しかし、見方を変えるとどうでしょう。「Uber」側からすれば、ゆくゆくは車の自動運転が可能になることを見通して、ＡＩだけで乗客を運べるようにしようと考えるはずです。そのほうが、人に運転させるよりコストがかからずに済むからです。

よって、「今はまだすべてを自動運転にはできないから、当面は人に運転してもらおう」という意図ともとれなくはないのです。すでにアプリによって決済もナビゲーションも自動化できているから、運転だけ人に外注している、ということです。

もう一例挙げましょう。近年、アメリカではスマホを通して専門家と簡単に効率よくつながれるサービスが台頭してきています。

例えば、顔に原因不明のできものができたとします。皮膚病は、単なるできものでもガンになっている可能性だってあるし、不安になるものですよね。そこで念のため近所の病院に行くと何時間も待たされたうえに、「単なるできものなので軟膏を出しておきます」という簡単な診断で終わって、しかも数千円もかかってしまう。

そこで、スマホでできものの画像を撮影し、アプリを通して複数の医者にチェックしてもらえるサービスが登場しました。すぐに病院に行かなくても、医者がオンラインで「ちょっと触ってみてください、ジュクジュクしていますか？」など簡単な診察をしてくれるのです。それによって「大丈夫、ニキビなので来なくていいです」とか「ちょっと怪しいので、〇〇大学の先生をご紹介しますね」などと診断してくれます。

これは一見すると、ＡＩにはできない「お医者さんの診察」という領域を、人間が行っているように見えるでしょう。しかし、ＡＩは人間に診察を〝行わせる〟ことによって、膨大な数の診察データを吸収しているのです。つまり医者によって、人工知能を育てている状態ということなのです。

このデータがたまれば、数年後には「この状態なら病院に行かなくてもいいです」という診断くらいは、ＡＩができるようになります。さらに時間が経てば、診断そのものをＡＩがするようになる。診察は医者の仕事でなくなるのです。そのぶん、医者はより緊急を要する治療や難病の研究に専念できるようになるのかもしれませんが。

つまり、ＡＩが人間の一部の仕事を担っているのではなく、人間はＡＩに、部品の一部として認識されてしまっている、ということでもあるのです。

よく言われるような「ロボットが単純作業を人間の代わりにやってくれる」という認識とは反対に「単純作業なんて、高度な知能を持つロボットではなく、人間にやらせてしまおう」ということが起きるかもしれないということなのです。

少なくとも、今水面下で進んでいるＡＩの進化は、我々の想像するずっと先を行っています。よって、仕事そのものに起きてくる大変化は、もはやどう着地するか予測がつかないのです。それほど社会が動くスピードは加速しています。ひとつだけ確実なことは、いわゆるワークだけの「サラリーマン的な仕事」の価値はどんどん落ちていくだろう、ということです。

仕事の永遠のルール「ありがとう」

今後「人工知能革命」が加速していくと、単純作業のような仕事はどんどんＡＩが担っていくことになっていきます。

では、人が仕事をしていくうえで、どんなことが大切になっていくのか。どんな仕事なら、ロボットに代替されることなく、持続していけるのでしょうか。

シンプルな言い方をするならば、それは「他人から感謝されて、お金をもらえること」です。一見当たり前のようなことですが、これこそがどんな時代が来ても永遠に変わらない仕事のルールです。

このことをもう少し掘り下げて説明するために、僕が新卒で入社した外資系コンサルティング会社「マッキンゼー・アンド・カンパニー」で学んだことをお話ししましょう。

入社してすぐの僕は、自分が担当するお客様から、1時間につきウン万円という高額なコンサルタント料をいただいていました。つまり、僕は常にお客様に対し、料金に見合うだけの価値を提供すべく、対峙していたのです。さらに、僕の上司は1

時間に僕の4倍もの額をいただいていました。僕ら社員は、常にお客様から「この人にはこれだけの額を支払う価値があるか」という視線を向けられている状況なのです。

だから、僕は必死に1時間ごとにかかる料金に見合う価値を相手に提供できているかどうかを考えながら、仕事をします。すると、この「1時間の価値」が、今度は上司とのチームワークでも試されるようになるのです。どういうことかというと、1時間につき僕の4倍もの価値がある上司と、僕が1時間ミーティングをしたら、その1時間に5倍ものコストがかかっていることになる。ということは、僕が上司とミーティングするのは、まず1人で5時間以上試行錯誤して、それでも解決策が生まれなかったときに行うべきものになる。

もし僕が4時間で解決策を考えられるなら、上司の1時間をもらうより自分でやるべきということなのです。でも、6時間以上かかっても解決しないものを1人で考えるなら、上司から「それは俺に相談すれば君の価値の5時間分で解決することだ。それなのに1人で考えてしまうから、6時間ぶんもかかってしまった。君がお客様からいただいている1時間ぶんものお金を無駄にしているのだぞ」と注意されてしまうわけですね。

僕はマッキンゼー在職時代に、自分の価値を売り値と時間でストイックに計る経験をひたすらに積んでいきました。企業は、マッキンゼーに3ヶ月間のコンサルティング料として、ウン千万円もの大金を支払ってくださいます。これほどの大金を、なぜくださるのか？　それは、お客様ご自身でやられたら2年も3年もかかってしまうようなプロジェクトを、マッキンゼーに頼めば3ヶ月で済ませることができる、だからウン千万円でも支払う、ということなのです。

そんな様子を見ながら、僕はあることを考えました。それは、人は自分にはできないこと、なし得ないことに対して、いくらでもお金を払うのだ、ということです。そして、自分にはできないことをしてくれる相手に対して、人は「ありがとう」という言葉をかけるのだと。

「ありがとう」という言葉は、漢字で「有ることが難しい」と書きます。つまり、自分には有ることが難しいから、それをしてくれた相手に対して「有り難い」と思う。だから「ありがとう」と言うのですね。

これは、どんな時代の変化が起きても、永遠に変わらない法則です。たとえ「人工知能革命」が起きても、人は「有ることが難しい」ことにはお金を支払う。つまり、それは「仕事」として成立し続けるということです。

そんな仕事をするうえで最もハッピーなことは、「自分にとっては好きで楽にできることと、相手にはできないこととが嚙み合うこと」です。「こんなに楽で楽しくできることで、相手にお金ももらって、感謝をされるなんて！」と思えることです。仕事をしていて、これほど幸せな瞬間があるでしょうか？

ということは、これからの仕事で大事なのは、自分にとって得意なことで、いかに相手にとって「有ることが難しいこと」を探し当て続けるか、ということなのです。

あなたにとって好きで楽にできることはなんでしょうか？

僕がすごく好きな言葉で、任天堂の故・岩田聡元社長の「〝労力の割に周りが認めてくれること〟が、きっとあなたに向いていること。それが〝自分の強み〟を見つける分かりやすい方法だ」という名言があります。自分が楽にできてしまうことは、本人にとって当たり前すぎて価値を感じないために、なかなか気づけないものです。

しかし、どんな人にもひとつくらいは、そんな経験があるはず。パソコンの配線をしただけで「本当に助かった！」と感謝されたり、冷蔵庫にあるものでささっとご飯を用意しただけで、神様のような扱いをされたり……。自分にとって意外なところに、あなたの「長所」の芽が隠されているのです。

非効率な「好き」こそが次の産業

とはいえ、医者の診察すらロボットが代替するかもしれない時代で、人工知能ではできず、自分にしかできない相手にとって「有ることが難しいこと」を見つけるにはどうしたらいいのでしょうか？　人工知能とは、人の頭脳を代替する技術です。単純作業じゃなければ、代替されることはないと思うのは間違いであると、すでにお話ししましたね。

人工知能にも代替不可能なもの……それは「嗜好性《しこうせい》」です。簡単に言えば、「私は誰になんと言われても、これが好きだ」という偏愛です。人が頭で考えて、答えを出せるようなものは、人工知能のほうがより優れた答えを早く出せるようになります。一方で、人の嗜好性は、非常に非効率なものなのです。

なぜ嗜好性が非効率なのか。それは、人の嗜好とは無駄なものによって塗り固められたものだからです。例えば、ファッションは人の嗜好性の最たるものであるがゆえに、無駄な要素の多いものですよね。効率だけを考えるなら、冬の寒い日を乗り切るためには、機能性抜群でシンプルなデザインのユニクロのヒートテックを着ればいい。

しかし、そこに人の嗜好が加わるから、誰とも被らないデザインや、ひねりの利いたデザインのものを探し求めて、ZOZOTOWNでひたすら選んだり、古着屋を何軒も巡ったりする。

そう考えると、日本にはそういった嗜好性、偏愛によって生み出されてきたコンテンツ、サービスがたくさんあります。非効率で無駄なものを、世界に発信してきた国なのです。任天堂やソニーのゲーム、スタジオジブリのアニメ映画、ドワンゴのニコニコ動画、カラオケなど、これらは1人の人間が自らの偏愛を追求して生まれたエンターテインメントです。

よって、これからは「他人から見れば非効率かもしれないけれど、私はどうしてもこれをやりたい」という、偏愛とも言える嗜好性を、個人がどれだけ大事に育て、それをビジネスに変えていけるかが資本になっていくのです。

日本の人工知能の権威、東大の松尾豊教授が、こんな話を聞いたそうです。「昔の資本は筋肉でした。肉体労働を集約できることが強かった。それが蒸気機関の発明で追いやられて、今の資本は頭脳になった。そして頭脳は人工知能によって効率的な仕事に追いやられて、次の資本は非効率を産業としていく嗜好になっていくのです」。これを受けて教授は「自分が何を好むのかという情報はこれから価値になります」と語っています。

もちろん、誰もがゲームやアニメ会社などのエンターテインメント企業で働くのが正解ということではなく、どんな業種でも、この「偏愛」を突き詰めることが、生き残りをかけた分水嶺になる、ということです。

そして、「偏愛」を突き詰めることは、まさに「乾けない世代」の得意分野なのです。

変化を生き抜く
3つの選択肢

この変化に富んだ時代を生き抜くには、3つの生き方があります。

ひとつめは、変化していくことをチャンスと捉えて、ずっと最先端を走り続ける生き方。「ライフワークバランス」を極め、ただひたすらに好きなことをやっていく道です。「遊びが仕事の時代」とよく言われますが、まさに自分が好きなことを見つけた人こそが、活躍する時代になっていきます。

2つめは、宮大工のように、伝統職のなかで、コツコツと働く生き方。中途半端に古いものはなくなりますが、唯一無二の価値があり、昔から残り続けてきたものはなくなりません。むしろ、変化の時代において、オリジナルなものの価値は増していきます。ちなみに宮大工さんのなかには、年収1000万円を超える人もいると言われています。変化はありませんが、こういった仕事は今後も確実に残っていくし、収入も安定します。

ここまで読んで、「そんなに極端な2パターンしかないの?」と思われた方のために、3つめの選択肢についてお話ししておきます。

3つめは、永遠のフリーターを楽しむ生き方です。僕が住んでいるインドネシアのバリ島では、この生き方をしている人がとても多いので、まずは彼らの様子からご紹介します。

現物支給のベーシックインカム社会・バリ島

僕は現在、バリ島をベースにしつつ、東京やアメリカなど各国のビジネスパートナーとオンラインでつながりながら仕事をしています。

バリ島は温暖で人々の気質も温かく、非常に住みやすいところです。実はバリ島は経済成長の途上なので、住民の平均月収も1万5000円ほどです。さらにバリ島は1年中、そこかしこでお祭りをしています。そのため、収入の多くをお祭りの飲み代などに使ってしまうのです。

彼らは、自分の成長やスキルアップのために自己投資などしません。なぜなら、日々の恵みを神様にひたすら感謝して、ただただ「今を生きること、楽しむことがすべて」だからです。

どうして、それで生活していけるのでしょうか。バリ島は温暖な気候で水に恵まれ、米を三期作で育てたりします。さらにバナナやヤシ、マンゴーがそこかしこに生えていて、にわとりは放し飼いにしていれば自然と成長してくれる。

僕はこの景色を眺めていると、まるでバリ島は現物支給によるベーシックインカムがすでに整っている環境のように見えてきます。そういう社会では必ずしも人がスキルアップしたり、成長することを要求されたりしません。1年中、村の誰かが主人公になって、持ち回りでお祭りをしている姿は、そばで見ていても、人を幸せな気分にさせるものがあります。

ＡＩという石油はみんなに降り注ぐのか？

これを日本に置き換えてみましょう。ＡＩ、ロボットが働いて稼いでくれるようになれば、我々はバリ島の人達のように稼ぎが少なくとも豊かに暮らしていけるのでしょうか？

僕の答えは「まだ分からない」です。

ＡＩやロボットは、放っておいても稼ぎを作ってくれるという点で石油にも似ています。でも、この石油によって富を築いているのは、鉱脈を掘り当てたほんの一部の人達です。

バリの太陽と雨は誰にでも別《わ》け隔てなく降り注ぐけれど、ＡＩという石油はその鉱脈を掘り当てたAmazonやGoogleなど、ほんの一部の人達だけしか豊かにしてくれないかもしれません。

一方、インターネットの歴史を考えると、Googleは、「人の関心に基づくデータを検索ワードという形で入力することで、検索結果という恩恵を無料で与えてくれるサービス」という形のベーシックインカムともとれます。そのサービス・ベーシックインカムの対象は、検索から地図、メール、動画、スマホのＯＳとどんどん広がり続けていますから、Googleの家に住んで車に乗ってデータを提供すれば衣食住がタダになる、なんて時代もくるかもしれません。

これがどちらになるのか？　それは、あと10年経たなければ確定しないでしょう。

なので、３番めの「永遠のフリーター」を楽しむ生き方は、選択肢としてはあり得るし、そういう生き方をしている人も多いけれど、残念ながら今後は時代の流れ、さじ加減ひとつでどちらにでも転ぶ、かなりリスクのある選択肢ということになります。

つまり、極端な選択肢を除けば多くの人達にとって、これからは「変化をチャンスと捉え、最先端を走る生き方」にシフトしていかなければならない、ということでもあるのです。

時代の混乱を呼び起こす、4つの革命

この章のまとめとして、僕たちが生きている時代の混乱について整理しましょう。以前、メディアアーティストの落合陽一さんと話していて、「今の時代は4つの革命が起きている」という話になりました。

ひとつめは、「グローバル革命」です。今まで、日本人は国内だけで比較されていたのが、今はインドネシア人やナイジェリア人とも比較されるようになり、加速的に成長している国の若者達がライバルとして追いかけてくる状況に立たされている。

2つめの「インターネット革命」が、これをさらに加速させました。インターネットによって、何かコミュニケーションをしたり、発信するときにかかる時間と距離がゼロになってしまったのです。

分かりやすい例で言えば、アメリカではすでにコールセンターがなくなりつつあります。なぜなら、インターネットでつなげば、人件費の高いアメリカに会社を置かなくても、半額で、しかも熱心に仕事をしてくれるフィリピンの人達に任せることができるからです。このような状況が起きているのが、インターネット革命ですね。

次に到来するのが「人工知能革命」です。「アメリカの仕事をフィリピンが持っていった」とか、「今度はベトナムが台頭してきた」、なんて国同士で戦っているうちに、ロボットがそれらの仕事を横からさらっていく。これは、この章でもすでにお話ししていますね。

落合さんは、これらに加え、「実世界指向革命」が来ると言っています。どういうことでしょうか。

例えば、本はすでに電子書籍が登場したことで、どんどんデジタル化されていますよね。しかし、相変わらず「やはり紙の良さはあるから、本はなくならない」と言う人も多いのです。

では、彼らが求めている「紙の質感」すら、デジタルに置き換わってしまったらどうでしょう? すでにアメリカのE Ink社によって、紙のリアルな質感や、インクの適度な濃さ、ページをめくる楽しさはデジタルで再現されています。ディスプレイ上のバックライトがなくても、自然光で読むことができるので目に優しい。さらに本棚に置くときの背表紙もデザインされるなど、物質的な価値を保っている。

今後は、デジタルの特性を活かし、パチッと指を鳴らせば、本の表紙を変えることもできるようになるでしょう。これは、本棚の内容によって自分の内面を他人にアピールしたいという、本が好きな人ならではの欲求を満たしてくれる機能です。

例えば、「今日は彼女が来るから、洗練された写真集にしておこう」とか「おやじが家に帰ってきた。辞書にしよう」などと、部屋を訪れる相手によって、そっと本棚を整理するときの楽しさや照れのような微細な感情や欲求を、デジタルに落とし込んでいるわけですね。

このようなことが起きてくると、「それでも紙の良さがある」とあぐらをかいてしまっている出版界の人達はあっという間にデジタルに仕事を取られてしまうかもしれないのです。印刷工場や出版取次も、なくなってしまうかもしれない。

このような4つの大きな革命が、微妙な時差で少しずつ起きてくるので、未来がどうなるかは分かりません。未来が不確定だということだけが、確実な時代なのです。

先の見えない、この変化の時代において間違いなく言えること。それは、一見非効率に見える人間の「好き」を突き詰めて、その「好き」に共感する人が「ありがとう」とお金を払ってくれる〝偏愛・嗜好性の循環〟こそが、残っていくということです。

この4つの革命によって、距離・時間・バーチャルを超え、「好き」同士の結びつきはより強化されていくでしょう。

つまり、自分の「好き」がない人間は価値を生み出しにくくなります。個人として、いかに自分の「好き」を見つけ、人生の幸せへと結びつけていくか。その具体的な方法は第4章でお話しします。

第3章

異なる「強み」を掛け算する最強チームの作り方

変化の時代は自分の好きを追求する「乾けない世代」の黄金期になるということを説明しました。

第3章では、そんな、自分の「好き」を追求している個人をどう組み合わせれば、組織としてより大きな結果を出せるか、その方法を具体的に提示します。

従来の、画一的な人間を揃え一直線に走らせるマネジメントとは正反対の考え方が必要になってきます。それぞれの個性を活かしたチーム作りにおいて、より立体的な理解が深まれば幸いです。

「いざ関ヶ原」は昔の戦い方、「VUCA」の時代の戦い方は？

みんなが一致団結して同じ目標を目指していく時代では、リーダーが決めたことをひたすら守り、決められた目標をきっちり「達成」していくことが求められていました。こういう時代は社員は会社の歯車となり、やるべきことをただひたすらにやることが勝つための大事な条件で、だからこそ日本は群を抜いた成長ができたのです。これらは変化の少ない社会で、やるべきことが決まっている時代には素晴らしく効率的な方法だったのです。

しかし、時代は変化することが当たり前となりました。昨今の米国では、このことを「VUCA」の時代と呼んでいます。これは米国軍事大学が提唱しはじめた造語で、

Volatility（変動が大きく）
Uncertainty（不確実で）
Complexity（複雑に絡み合い）
Ambiguity（曖昧）
な時代に突入したということです。

これまでは、「いざ関ヶ原」と決まった戦場に向けて、総大将がしっかり作戦を練

り、それを忠実にこなすことが戦いの秘訣でした。でも、今はどこが戦場になるかすら分からない。どんな新しい兵器が出るか？　この国が動けばあの国がこう動くなどと複雑で、しかも、ひとつの戦いで勝ったとしても、何を勝ち得たのかが曖昧になってきています。

こんな時代にすべて上司に判断を仰いでいたら決断が遅れます。上司がさらに上司へ報告し、さらに上の指示を仰ぐ間に次の変化が起こるというような事態になります。つまりトップダウンの組織では間違いなく時代に取り残されてしまうのです。

例えば、あなたがオフィス備品を販売する会社の社員だったとします。これまでは、ひたすら商品を売れば儲《もう》かる時代だったので、チームメンバーの仕事もただ「売ること」だった。よって、メンバーの性質も単一的であることが求められました。上司はただ気合いで「売れ」と指示すればよかったのです。

しかし、今やオフィス備品は社員それぞれがAmazonでワンクリックすれば購入できます。プリンターのインクトナーひとつとっても、今はプリンターとAmazonをインターネットでつなげることで自動発注できるシステムまで登場しています。

こうした危機的な変化に最初に気づけるのは、現場を担う営業職です。しかし彼らは、その事態を上司に報告しても「いいから売れ」と言われることが分かっているので、わざわざ貴重な勤務時間を割いてまで改善策や企画案を提案したりしません。そうこうしているうちに、これまでの戦場はあっという間に、Amazonの主戦場に切り替わってしまいます。気づいたときにはもはや手遅れ。あとは負け戦が続いていくだけになってしまうのです。

現場の変化に敏感に対応できる、瞬発系チームを作れ

では、この場合の新しい戦い方とは、どういうことでしょうか？　例えば、プリンターのインクトナーを販売する場合、Amazonで自動発注できるのなら、Amazonに乗り換えられる前に、富山の薬売り方式でトナーをお客様のところに多めに置いておいて、使ったぶんだけお金をいただく方式に切り替えてもいい。お客様がクリエイターの場合、その環境に合うトナーブレンドが配給される仕組みを用意してあげてもいい。全世界的に展開するAmazonにはできない微細なオーダーに応えるシステムを作るのがいいかもしれません。

このように、これからは過去の方法にとらわれず、どんどん戦い方を変えていくべき時代です。最前線にいる人が気づいたユーザーのインサイトを、できるだけ速くアイデア化して、実現させていく臨機応変さが求められていきます。そのためには、上司やリーダーに許可をもらってから動くのではなく、気づいた人がすぐにアイデアを形にできる体制を作っておかなければいけないのです。

つまり、チームメンバーの誰もが、リーダーであるか否かなどの立場に縛られず、ユーザーインサイトの察知能力をさらに向上させ、なおかつチャンスに対し適切な行動を起こす、というような瞬発力が大事になってくるのです。

そのため、組織にはメンバー全員がフラットにつながって、変化に気づいた人が「こういう新しいことをやったほうがいいと思う」とさっと手を挙げて、サクッとプロジェクトチームを作れるような風通しのよさが必要です。

そしてチームを編成するときは、プロジェクトに必要な強みを持ったメンバーや、自分にない強みを持つメンバーを補完して、コラボレーションしていくのです。

米IT企業大手のGoogleは、変化に敏感な人間が、どんどん自分で動くフラットな組織作りを徹底することで成功しています。例えば同社には、エンジニアが業務のうちの20％の時間や労力を好きなプロジェクトに使える「20％ルール（20％Time）」という仕組みがあります。

仕事中に「こんなツールがあったら便利だな」と思いついたアイデアを、好きなメンバーを巻き込んで、自社プロジェクトとして形にしていく取り組みです。ビジネスパーソンにはおなじみのGmailも、元は20％ルールから生み出されたものでした。

理想は「ゴレンジャー」？

ここまで繰り返してきたように、明日がどうなるか分からない昨今では、四方八方から、常に柔軟な対応が求められます。組織が柔軟な対応をするためには、チームメンバーは同じような性質ではなく、それぞれ異なる得意分野を持ったメンバーであるほうがいいのです。

つまり、チームは単一的ではなく、特撮テレビドラマの「ゴレンジャー」（カクレンジャー、ガオレンジャーなどスーパー戦隊シリーズの元祖ですね）のように、熱血派のアカレンジャー、知的なアオレンジャー、ひょうきん者のキレンジャーもいて、それぞれの異なる強みによって戦いに打ち勝つことが求められているのです。

例えばキレンジャーは、普段は役に立たない大食いしか取り柄《え》がないキャラクターポジションです。しかし、どんな「ゴレンジャー」シリーズにも、なぜか必ず彼が活躍する回があります。簡単なあらすじは例えばこうです。

……平和なある日、謎の怪獣が現れ、熱血派のアカレンジャーも知的なアオレンジャーも得意技が通じず、歯が立たない。そこでキレンジャーが、大好きな「餃子」をばくばく食べていたら、怪獣はニンニクが苦手で、知らぬ間に勝っていた……。

新しい時代のチームのあり方にも、キレンジャーのエピソードを応用できます。変化が多い時代では、現実として、全く役に立たないと思っていた人の能力が、どんな局面でチームを助けてくれるか分からないからです。

よって、全員がアカレンジャーになる必要はなく、大食いだけは誰にも負けないキレンジャー、クールで頭脳明晰なアオレンジャー、いつも周囲をなごませてくれるミドレンジャーが、それぞれ必要なのです。各々が特出した得意分野を持ち、どんな新型の敵が来ても、それに応じた強さを持つメンバーが出て行って、勝っていく。そんな多様なチーム作りが理想です。

つまり、できるだけカラーの違うメンバーを揃え、あらゆる角度、意外な方向から飛んでくる変化をいかに素早く捉え、チャンスに変えられるか。

誰かが、「あそこにチャンスがあるけど、俺は実務はどうも苦手で……」と弱々しく声をあげたとき、周りが素早く「そこに気づくまでが君の素敵な強みだから、まずはありがとう。あとはこっちでやる」というように、凹凸をうまく噛み合わせ、それぞれが得意なことだけに専念できるようにする。

ここで重要なのは、状況に合わせて凹凸の組み合わせを変えていく柔軟さです。

しかし、そのためにはまず、自分たちの凹凸をしっかり把握しておくことが非常に大事なのです。

ストレングス・ファインダーで自分の強みを把握しよう

ストレングス・ファインダー 34の資質

実行力の強み	影響力の強み	人間関係構築力の強み	戦略的思考力の強み
アレンジ	活発性	運命思考	学習欲
回復志向	競争性	共感性	原点思考
規律性	コミュニケーション	個別化	収集
公平性	最上志向	親密性	戦略性
慎重さ	自我	成長促進	着想
信念	自己確信	調和性	内省
責任感	社交性	適応性	分析思考
達成欲	指令性	包含	未来志向
目標志向		ポジティブ	

ではここで、自分の凹凸が何かを把握し、それをチームで共有していくメソッドを3つ、ご紹介していきます。これらのメソッドは、チームにおけるメンバー同士の信頼関係を築くうえでも非常に役立ちます。ぜひプロジェクトごとにメンバー全員で行ってみてください。

まずご紹介するのは、ストレングス・ファインダーです。これは、アメリカの統計調査会社であるギャラップ社が、200万人へのインタビューの結果、人の強みを34種類にパターン化させたものをもとに作られた診断テストです。

インターネットでできる約30分の診断テストに回答していくことで、34種類のうち、自分の強みをランキング形式で、ベスト5まで教えてくれます。ちなみに、34種類すべての強みをランキング化してくれるコースや、弱みを教えてくれるコースもあるので、お好みで試してみてください。この診断テストは、「日本語版ストレングス・ファインダー公式サイト（https://www.gallupstrengthscenter.com）」で有料で受けることができます。また、関連書籍も発売されており、診断テストを受けるためのアクセスコードが内封されているので、自分の強みがどんなものなのか、どんな場面で活かされるのかをより詳しく知りたい場合は購入をおすすめします。チームで行うなら、1人1冊『さあ、才能（じぶん）に目覚めよう』（日本経済新聞出版社）を購入し、各々でテストを受けたあとに強みの詳細を確認するといいでしょう。

例えば、僕のストレングス・ファインダーのベスト5は、「着想」「コミュニケーション」「学習欲」「自己確信」「活発性」。こんな感じで、自分の強みを把握することができるのです。※有料の診断はちょっとという方には、無料のm-gram診断（https://m-gram.jp/）では8つの性格を出してくれますから、こちらを元に次項のことをやっていただくのもよいかと思います。

「自分と違う強みコレクション」

ストレングス・ファインダーでテストを行ったら、今度はそれを受けた者同士で「自分と違う強みコレクション」ゲームを行います。

ルールは簡単。自分の強みトップ5を紙に書き、それを見せ合い、他の人が持っていない自分の強みについて、それがどういう性質のものか説明してください。ポケモンを探すような気分で、あなたにない29種類の強みをなるべく見つけてください。

自分の強みとひとつも被らない人がいたら、それはあなたにとって学ぶべきところの多い、先生のような人であり、弱みを補完し合える関係にある人です。

もしチームメンバーのうち、たったひとつしかない強みを持っている人がいたら、その人はみんなの宝物です。なぜなら、キレンジャーしか勝てない敵がいるように、その人にしか解決できないことが必ず存在するからです。

また、日本人は診断テストが大好きです。このようなゲームを行うと非常に会話が弾み、お互いの強みを理解し合うことができるだけでなく、コミュニケーションも円滑になっていきます。

余談ですが、僕の友人は事前に合コンの参加者にストレングス・ファインダーを受けるよう指示し（！）、当日それぞれの強みを共有し合ったところ非常に盛り上がったそうです（笑）。その盛り上がる様子をイメージすると、いかにストレングス・ファインダーが職場のコミュニケーションツールとして機能するか、ご理解いただけるかと思います。

ストレングス・ファインダーは、プロジェクトのさまざまな状況で役に立ちます。例えばアイデア会議をするなら、「着想」型の人を集めるなど、プロジェクトごとに活きる強みを持っている人をアサインすることができます。

また、ストレングス・ファインダーで分かる強みは、その人の先天的な性質ではなく、後天的なものとされます。よって、メンバーでトップの成績だった営業職の人が、マネージャーになって組織管理をするようになれば、その過程で強みが変わっていくことがしばしばあります。

つまり、今の自分にはないけれど、育てたい強みがあれば、その強みを鍛えられそうなプロジェクトにあえて飛び込むのも面白いです。新しいプロジェクトのなかでどんな強みが必要かを考えて、その強みを持っている人に話を聞き、強みを自分のなかに取り込むのも、自分を成長させる楽しい学びになるでしょう。

偏愛マップを見せ合おう

自分の強みや好きなことを把握して、それをメンバーにも知ってもらうためには、偏愛マップを書き出すのもおすすめです。これは教育学者の齋藤孝さんが編み出したコミュニケーションメソッドです。ノートや画用紙に、ひたすら自分が好きなモノやコトを書き出していきます。

まず図のように、「漫画」や「映画」など、自分が好きなジャンルやテーマをひとつ決めます。次に『ONE PIECE』とか『君の名は。』などと作品のタイトルを書き、次にその作品の好きな要素を掘り下げます。

好きなものを掘り下げていくコツは、好きな要素をどんどん細分化していくことです。例えば『ONE PIECE』が好きだとして、そのなかでもチョッパーとの出会いを描いた「冬島編」が好きで、中でもDr.ヒルルクとチョッパーのやりとりを描いたエピソードが好き。

さらに「おれは決してお前を撃たねェ！」と言って両手を広げるシーンがたまらない……というように、どんどん細かく掘り下げていき、それを書いていきます。

きれいに書く必要はありません。思いつくまま、どんどん書きなぐってください。

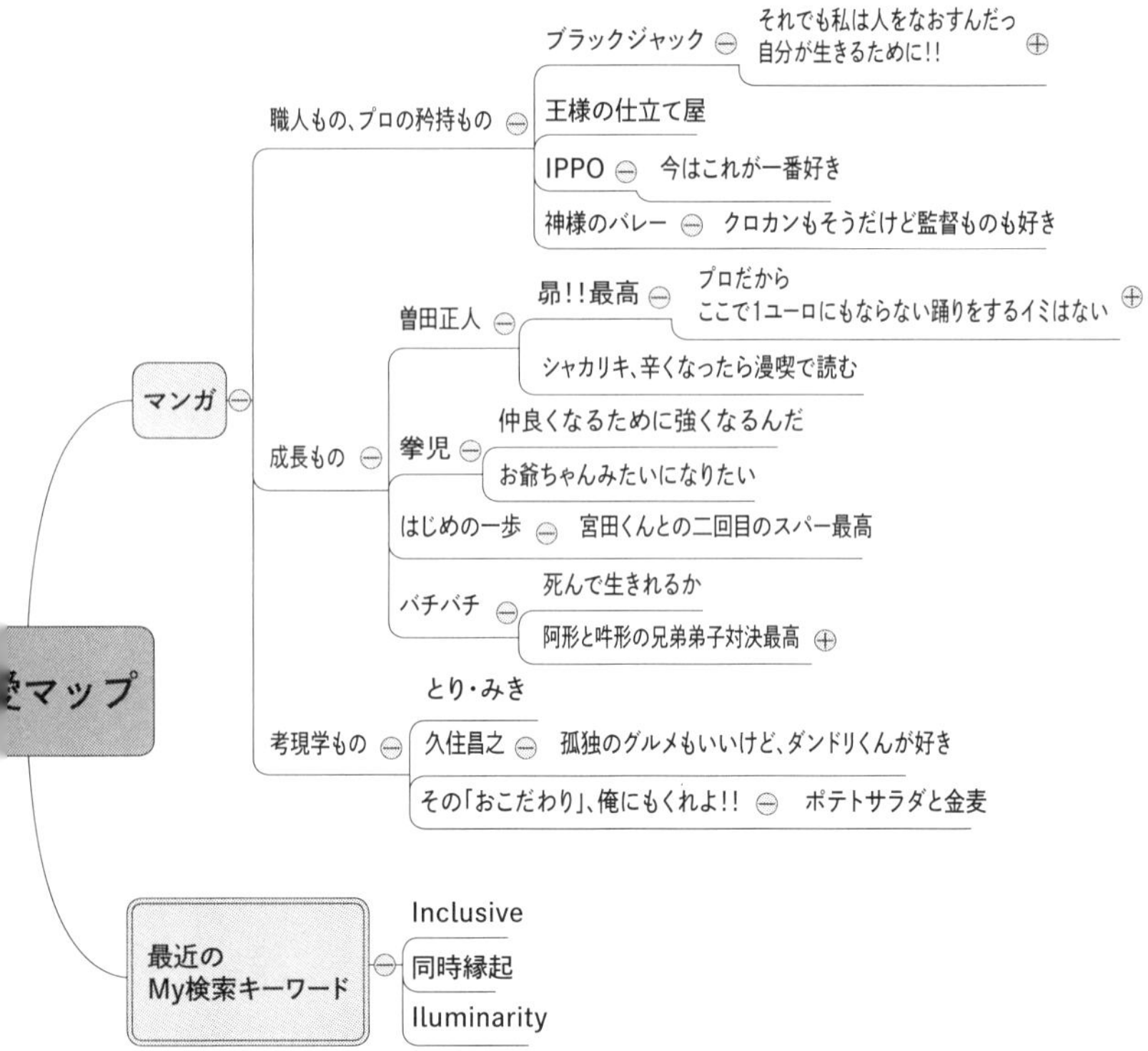

マップ
マンガ
職人もの、プロの矜持もの
ブラックジャック
それでも私は人をなおすんだっ
自分が生きるために!!
王様の仕立て屋
IPPO
今はこれが一番好き
神様のバレー
クロカンもそうだけど監督ものも好き
成長もの
曽田正人
昴!!最高
プロだから
ここで1ユーロにもならない踊りをするイミはない
シャカリキ、辛くなったら漫喫で読む
拳児
仲良くなるために強くなるんだ
お爺ちゃんみたいになりたい
はじめの一歩
宮田くんとの二回目のスパー最高
バチバチ
死んで生きれるか
阿形と吽形の兄弟弟子対決最高
考現学もの
とり・みき
久住昌之
孤独のグルメもいいけど、ダンドリくんが好き
その「おこだわり」、俺にもくれよ!!
ポテトサラダと金麦
最近の
My検索キーワード
Inclusive
同時縁起
Iluminarity

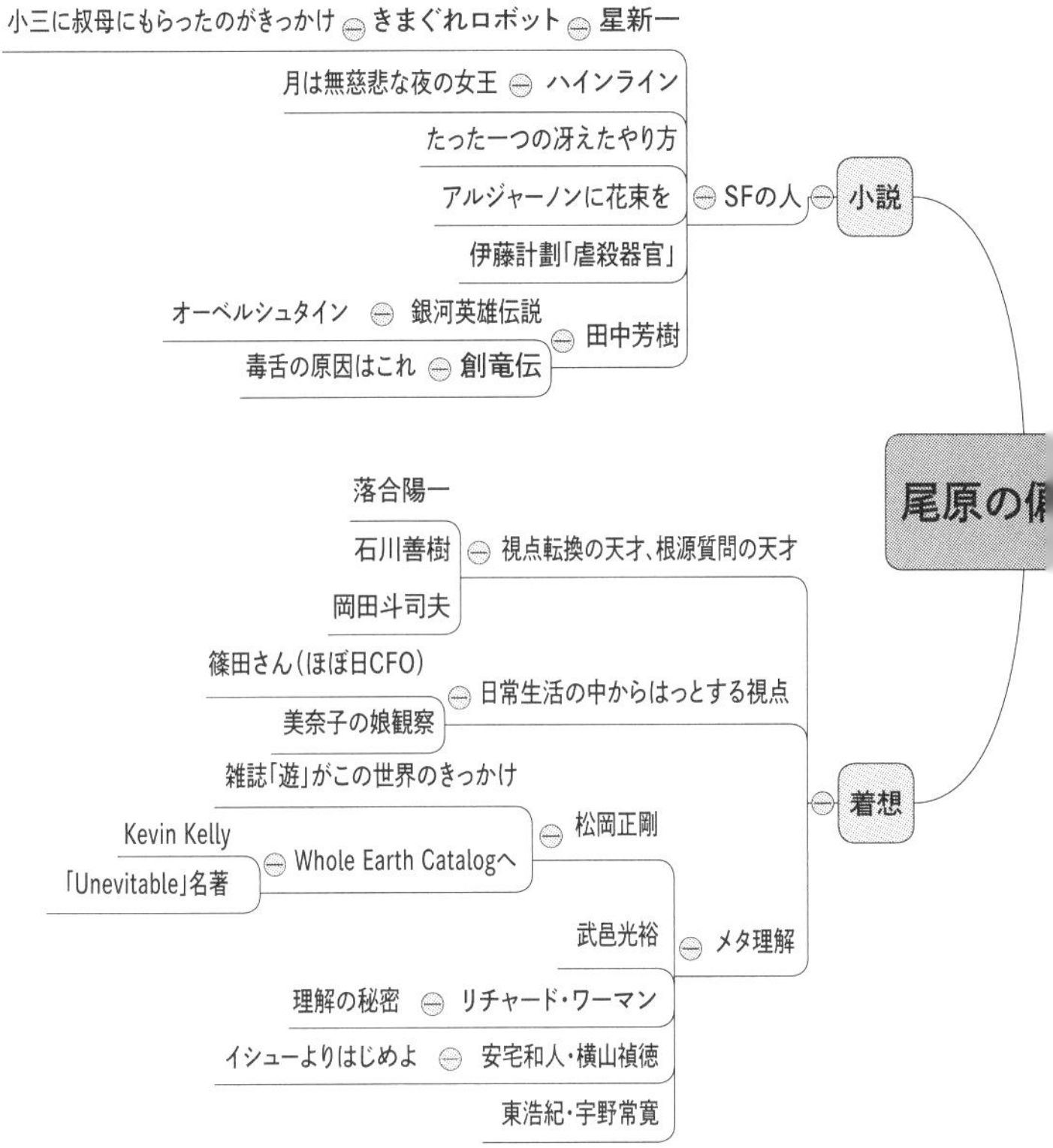
尾原の偏
小説
SFの人
星新一
きまぐれロボット
小三に叔母にもらったのがきっかけ
ハインライン
月は無慈悲な夜の女王
たった一つの冴えたやり方
アルジャーノンに花束を
伊藤計劃「虐殺器官」
田中芳樹
銀河英雄伝説
オーベルシュタイン
創竜伝
毒舌の原因はこれ
着想
視点転換の天才、根源質問の天才
落合陽一
石川善樹
岡田斗司夫
日常生活の中からはっとする視点
篠田さん(ほぼ日CFO)
美奈子の娘観察
メタ理解
松岡正剛
雑誌「遊」がこの世界のきっかけ
Whole Earth Catalogへ
Kevin Kelly
「Unevitable」名著
武邑光裕
リチャード・ワーマン
理解の秘密
安宅和人・横山禎徳
イシューよりはじめよ
東浩紀・宇野常寛

紙面が埋まったら、ストレングス・ファインダーの「自分の強みコレクション」のように、チーム内やパートナー同士で交換して、お互いが書いたものについて質問し合い、説明し合いましょう。

これは実際にやってみると分かるのですが、お互いに好きなものが細かい所で重なると、それだけでその人と10年来の打ち解けた親友のように話せます。他の人に理解されなかった「好き」を共感してもらえたときの仲良くなる力はすごいです。さらに、自分の好きなものは、何を質問されても楽しいし、いつまでも語っていられるものです。

そして不思議なことに、自分が好きなことについて話を聞いてくれた人に対して、人は親近感を抱くようになり、ぐっと心を開けるようになります。

自分のトリセツを書こう

お互いがお互いを理解していると、「ここまで指摘してもいいよね」という信頼関係ができ、より相互理解が早まります。メンバーの得意分野を把握するためには、相手とのコミュニケーションが欠かせません。ただそう言うと、上の世代は「どんどん飲み会を開いて親睦を深めたほうがいい」と発想しがちですが、わざわざお酒の場を用意する必要はないのです。

メンバー同士で飲み会をしたり世間話をしたりという行為には、「僕たちは仲間だよね」と信頼関係を確認し合うこと、会話のなかで「君はカレーの大食いが得意なのか」「みんなをまとめるのは苦手なのね」などと得手不得手を把握することの2つが含まれています。しかし、これらをもっと短時間で効率的に行うことができるメソッドをご紹介しましょう。「ストレングス・ファインダー」や「偏愛マップ」が個人の「強み」と「好き」を把握するものだとしたら、このメソッドはその一歩先、変化に強いチームを作るうえでの具体的な方法論です。これはぜひ一緒に仕事をするチームのメンバー同士で、取り組んでみてください。

まず、各自に自分のトリセツ（取り扱い説明書）を書いてもらいます。

トリセツに書く内容は、次の通りです。

1　この会社に入ろうと思った動機につながる、最も古い記憶について

ポイント：コツは、今の仕事につながる原体験を振り返ることです。「思い起こせば、子どものころからモノを作るのが好きで……」とか、「近所の憧《あこが》れの兄貴に似た人がこの会社にいた」など、懐かしい記憶を遡《さかのぼ》ってみてください。

2　自分が120%頑張っちゃうこと、ときは?

ポイント：ここでは自分が得意なこと、誰になんと言われようと、どんなに時間を費やしても飽きない、心のエンジンがかかるようなことはなにかを書き出してください。

3　「これだけはダメ、嫌」　自分の取り扱い注意ポイントについて

ポイント：「自分はこういうことにはどうも向いていない」とか「こういうことを

されると心がしぼんでパフォーマンスが下がる」というような、あなたのNG事項について書いてください。

すべて書き終えたら、同じ仕事をするメンバーと「トリセツ交換会」をしましょう。お互いのトリセツを交換し合って、説明をしたり、質問をしたりします。例えば僕の強みは「着想」なので、〝アイデアに詰まったら僕に声をかけてみてね！〟と書きますし、逆に僕の弱みは持久力がなく、常に変化し続けることに意識が傾きがちなぶん、同じ作業が続かないので、〝毎日同じ作業をさせるときは、なるべく毎日違う言葉で褒《ほ》めてください（泣）〟と書きます（笑）。

すると、メンバーのなかには「アイデアを生み出す能力には自信がないけど、地味な作業を淡々とこなしたり、進行をサポートしたりするのが大好き」というような人がいて、僕と凹凸がぴったりハマるベストパートナーを発見できることがあります。強みと弱みを補完し合えるメンバーを把握できるのが、トリセツのいいところですね。

自分の特技や強みを話すのは楽しいですが、一方、弱みをさらけ出すのは、なかなか勇気がいることかもしれません。無理に昔の嫌な思い出まで語る必要はありませんが、誰かに「そんなことで落ち込むの?・」「甘えるな」と批判されるのが怖くて、なかなか素直に説明できない人もいると思います。

しかし、ここがポイントで、弱みも、さらけ出すことでかわいらしさや愛嬌に変換させることができます。例えば、この〝かわいらしさ変換〟をうまくやっているのがソフトバンクの孫正義氏でしょう。

彼は、以前Twitter上で時折、自分のヘアスタイルを「髪の毛が後退してますね」などとイジってくるユーザーに対し、「髪の毛が後退しているんじゃない、自分が前進しているんだ」と自分の弱みをうまくさらけ出して、とっつきやすさを生んでいました。笑いが弱点をかわいらしさ・愛嬌に変えるのです。

「弱み」は、あえてオープンにすることで人を引き寄せたり、コミュニケーションの切り口に変えたりすることもできるのです。また「数字が苦手で、どうしても計算ができません」と素直に伝えることで、自分にできないことをやってくれたりする相手を引き寄せることにもなるのです。

さらに、聞く側の態度も重要です。自分のトリセツを書いたり説明したりすることは非常にセンシティブなことなので、くれぐれも批判せず、「この人はこういう人なのだ」と相手を認める姿勢をしっかり持って、話を聞いてあげてください。

自分の得意なこと、苦手なことに関心を持って聞いてもらえるだけで、人は認められた気持ちになり、さらに心を開くようになります。当然ながら、お互いがオープンになれる関係は、チームの信頼関係を構築するうえで大事だということが分かってきます。

これらはセンシティブな作業であるぶん、たった1時間、会議をする代わりにやってみるだけで、お互いへの理解がぐっと進みます。メンバー全員がお酒好きならば構わないのですが、もしあまり酒の場を好まない人がいるのなら、こんなメソッドで代用してみてはいかがでしょうか？　飲み会に比べコストもかからないし、何倍も効果があるのでおすすめです。

ちなみに、質問の順番にもそれぞれ意図があります。1でなるべく古い原体験を書いてもらう理由は、人は子どものころの原体験のような記憶を人に話すと、とたんに自分をオープンにできるからです。また、人は自分にとって好きなことを話すより、嫌なことを話すときのほうが緊張してしまうものなので、まずは得意なことを話すことで心をほぐし、自己開示した勢いで、子ども時代の嫌な話もしてもらいましょう。くれぐれも質問事項の順番は変えずに行ってください。

それぞれが弱みを持っているなかで、いかに補完し合い、強みを活かす方向へ持っていけるか。凸と凹をうまく噛み合わせて、より進化した多様なチームとして機能していけるかが、これからの時代で成功していくための鍵になります。

先述したように、これまでは「同じような人が集まって、一方向に向かって走れ」というような時代だったので、このような作業は一切必要がありませんでした。個性だとか多様性などというものは組織には必要のないものであったわけです。しかしこれからは「毎回わけの分からない展開になるから、何が起きても戦えるゴレンジャー、集合！」という時代になります。

だからこそ、それぞれの持つ多様性をきちんと尊重し、受け入れていかなくてはならないのです。

それぞれの強みを把握できても、それを活かせないと意味がありません。チームとして理想なのは、ひとつの問題に対して、誰が問題発見をしても、解決するのが得意なメンバーがすぐに動けるような状況を作っておくことなのです。

自分と違う人はみな先生

メンバーそれぞれの強みをはっきりさせ、お互いに把握することが、理想のチーム作りの第一歩であるとお話ししました。これまでは同じ性質を持ったメンバーが一丸となって戦う時代でしたが、これからはむしろ、人にはない強みを持っている者同士が集まったほうが生き残れるようになるからです。

しかしそのためには、従来の価値観を変える必要があります。日本人は、人と違うことが恥ずかしいことであるように教育されてきたからです。ひとつの目標に向かって会社で一丸となって突き進むのがよしとされてきたために、人と違うことは恥ずかしいことだとされやすい社会だったのです。

日本は限りなく単一民族国家に近いため、人と違うことに対する理解の範囲が非常に狭い国です。ちょっと人と違うだけで悪口を言ったり、子どものびのびとした行動を、親が人目を気にするあまり「恥ずかしいからやめなさい」と縛り付けてしまったりするようなことが、会社でも学校でも、近所の公園ですら当たり前に起きやすい社会なのです。

確かに、人がお互いの違いを把握し、理解するのは簡単なことではありません。人は、理解の範疇を超える相手に対して、どうしても不安と恐れを抱いてしまう生き物だからです。

しかし、ハーバード大学で日本語教師を務めた後、教育システムを研究しているアクティブラーニングの羽根拓也さんは、「価値とは、差異×理解」だと言い表しました。要するに、人との違いも、相手や周囲に理解されなければ価値を発揮しませんが、きちんと理解できるようになれば、途端に、その違いが価値に変わるのです。

例えば、黒人は「肌の色が違う」というだけで理解されず、迫害された歴史があります。でも黒人は他の人種に比べて非常に瞬発力があるし、彼らには大地とつながり共鳴する力、それが生み出すリズム感やパワフルな歌の表現力がある。これらは彼らの魅力のほんの一部にすぎないけれど、このように、「違いが生む価値」を理解さえすれば、相手の持つ性質を尊重できるようになるのです。

つまり大事なのは、他者に対する理解を広げようとすること。理解が広がらなければ、相手との違いを楽しめません。その理解を広げるために便利なツールとして、僕はストレングス・ファインダーや偏愛マップ、トリセツをいろんな組織やプロジエクトの立ち上げの時期によく使っているのです。

なぜなら、人は、その特徴を言葉に落とし込むことによって、相手を理解するからです。人の特徴を、例えば「着想型」や「慎重」などと言葉にすることで、見えなかった性質、よく分からなかった魅力が浮き上がってきます。


複数の人が集まる場所では、放っておくと誰もが単一性に寄っていきます。似たもの同士でいたほうが安心するから、違うものを輪から外そうとする性質が誰にでもあるのですが、私のコミュニティ支援の師匠、(株)ウィズグループの奥田浩美さんは、「違う人はみな先生」と言います。

今は理解できなくても、その人が持つ自分との違いは色んなことを教えてくれる、気づかせてくれる。つまり先生なのです。人は理解できない人と出会うと怖くなり身を硬くしますが、先生と考えれば、今は理解できなかったとしても、理解する過程が楽しくなります。

偏愛マップを見せ合うように相手を好きになって理解しようとすれば、相手もまた理解しようとしてくれます。好奇心を持って理解の過程を楽しみましょう。そう、「好奇心」とは相手のなかにある自分にない奇なものを好きになる力です。

今はインターネットのおかげで情報量が爆発的に増えたことにより、一昔前よりも人との習慣や文化の違いを理解する幅も広がってきたように感じます。「人と違うことをして恥ずかしい思いをしたり、誰かに迷惑をかけたりしたくない」という思い込みさえ外して、自分を理解してもらおうと一歩踏み出してみれば、案外、世間は耳を傾けてくれるものです。

強い組織を作り上げ、最高のチームになる鍵は、それぞれの強みや好きなことを理解し、一人ひとりの違いを認め合うこと。逆に言えば、それができなければ、変化に弱いチームになってしまいます。あなたは、隣の席で働く人と自分との違いを楽しんでいますか？

変化のスピードには「信頼」でしか追いつけない

違いを認め合うことと同じくらい重要なことがあります。それは、「相手を信頼して任せる」ことです。なぜなら、メンバーやパートナーをいちいち疑って、信頼できずにいると、そのぶん動きが鈍くなってしまうから。他者より1秒でも早くイノベーションを起こさなければならないときに、その都度相手を信頼しないまま立ち止まっていると、それが積もり積もって大きな時間の差を生んでしまうのです。

例えばサッカーでも、いちいち「俺はあっちに向かってボールを運ぶから、お前は向こうへ走れ」なんて声をかけるようなやりとりはしないですよね。そんなことをしていたら、あっという間にボールをとられてしまいます。そのため、選手たちはアイコンタクトによって瞬時に味方の意図をくみ、あとは仲間を信じて自分が向かうべき方向へ走り出す。

特に最近のサッカーでは、いかに全面的にチームを信頼するか、それぞれの選手が0・1秒でも早く、的確に動き出せるかが勝利の鍵を握っているように思います。

つまり、メンバーがそのとき、その場でしかできないことを、それぞれがきちんと完遂してくれると信じ、任せきるようになるべきなのです。なぜなら、変化の時代のスピード感は、サッカーにおける0・1秒が勝利の明暗を分けるのと同じだからです。インターネットで情報がオープンになっている今の世の中では、1秒のアイデアに100人のビジネスパーソンが群がっています。そこにいち早く、あうんの呼吸で飛び込めなければ、あっという間に素晴らしいアイデアの実現を他人にさらわれてしまうのです。

日本人は「信頼する技法」を知らない

ところが、これまた日本人の多くは、相手を信頼して任せることが意外と下手《へた》なのです。社会心理学者の山岸俊男教授は著書『安心社会から信頼社会へ―日本型システムの行方』（中公新書）のなかで、ルールや罰則、人脈を固定化させることによって集団主義的な「安心社会」を構築してきたことが日本の強さだった、しかしそれらがグローバル化などの時代の変化によって通用しなくなり、もはや解体されてきていることを指摘しています。

もう少し噛み砕いて説明します。「安心社会」とは、要するに「僕たち、みんな〝一緒（似たもの同士）〟だよね？　だから、お互いの立場を脅かさないよね」という確認が済んでいることが前提条件にある社会です。これは、上の世代の働き方のなかでも重視された機能です。特に日本人は「安心社会」を保つために、お互いへの安全確認に非常にコストをかける傾向があります。じっくりと付き合いを育んだうえで、「これだけの付き合いなんだから、あなたは私を裏切らないよね」と確認する。確かに、小さく固定された環境下では、「安心社会」は非常に効率的なものになるのかもしれません。

ところが、これまでも繰り返してきたように、変化の時代では、「安心社会」は機能しません。これからは「信頼社会」を前提にコミュニケーションをしていくべきなのです。「信頼社会」とは、簡単に言うと「私にはこれができない。だからあなたに任せます。その代わり、私は自分の得意な作業を頑張ります」と言い切り、お互いを信じて頼り切る社会です。これは、見方によっては非常に危険な行為でもあります。弱い部分をさらけ出しているぶん、もし裏切られたら大変なことになるからです。

しかし、メンバー同士が信頼を大前提として、高速で動いている組織があります。それがGoogleです。Googleでは信頼を大前提として、驚くべきほどの情報が公開されています。それは現場の人達がより瞬発的に動けるようにするとき、情報が遮断されていたら間違った判断をしてしまうかもしれないからです。でも、そんなGoogleでも悲しいことに、記者に秘密を漏らしてしまうメンバーが出ることもあります。あるとき漏洩が起こった後、CEOのラリー・ページさんはそのメンバーを瞬時にクビにし、こういうメッセージを伝えました。

「Googleは誰もが色んな情報に触れることでそれぞれがイノベーションを起こしていくサンクチュアリ（聖域）だ。秘密を漏らしてしまう人が続くと情報を隠さなければならなくなる。そうすると、みんなは限られた情報のなかからでしか新しいことができなくなる。それはGoogleを殺すことになる。だからGoogleらしくいるために、このサンクチュアリを守るため、信頼を大事にしてほしい」

「信頼する」からチームを始める「信頼社会」こそが、変化に対するイノベーションを起こすためにとても大事なのです。

一気に信頼度を深める簡単メソッド

「信頼」とは、文字通り信じて頼ること。つまり、相手より先に自分が信じることが大事です。いったん信じて裏切られることへの不安や恐怖を払いのけて、とにかく相手を信頼し、身を預けてみる。すると、相手も自分に身を預けてくれるようになる。これらを繰り返しながら、絶対的な安心感を得ていく。

クリエイティブなことをするうえで重要なのは、成功するかどうか分からなくても、いかに一歩を踏み出すかです。そして、誰かが飛び出して、失敗してしまったときにも、ちゃんと周りのメンバーが支えてくれること。仲間を信頼してチャレンジを続けていく組織こそ、イノベーションを起こしていくのです。

このお話の最後に、最も簡単にできる「信頼メソッド」をご紹介します。すでにご紹介した「ストレングス・ファインダー」や「偏愛マップ」、「自分のトリセツ」と共に、チームの信頼関係を築くうえでぜひ役立ててください。

これは、演劇やダンスのトレーニング法をコミュニケーションスキルアップに応用した、非常にシンプルなメソッドです。

このメソッドは2人で行います。まず、2人とも同じ方向を向いて前後に並びます。

次に、前に立っている人は後ろに倒れてください。そして後ろに立っている人は、倒れてきた前の人を両手で支えてください。これを、交互に行うだけです。

実際にやってみると、後ろにいる人に身を預ける瞬間はとても不安になるものです。しかしそのぶん、倒れた身体を支えてもらった瞬間、ものすごく安心します。そして何度か繰り返すと、しだいに倒れることに慣れるようになり、倒れることに対する抵抗感がなくなってきます。

まずは身体で、信頼すること、信頼されることを覚えてください。ちなみに僕は実ビジネスにおいてこのメソッドをやるとき、信頼して倒れることがすっかり快感になってしまい、おかげでさまざまな新規事業を楽しんで立ち上げられるようになりました。よく周囲の人から「新規事業なんてリスクの高いことを、よくそんなにやっていられるね」と言われますが、むしろ僕は自分が失敗したとき、誰かがすっとサポートしてくれる心強さや、勇気を出そうとしている誰かの背中を支えられたときの喜びを味わえることが楽しくてプロジェクトに関わっているようなものです。

信頼関係を築いていくプロセスも、慣れると快感になっていくのです。

原体験は阪神淡路大震災のボランティア

ここまでは、チームリーダーがメンバーの力をどう引き出すか、またメンバー同士がどうやって自分の力を把握し、お互いの力を組み合わせていくべきかについてお話ししてきました。

ここからは、僕自身のリーダー経験を振り返ることで、これからの時代に必要なマネジメントについて指し示していければと思います。今はまだリーダーの立場にない人も、ぜひこのまま読み進めていただくことで、それぞれの個性を活かしたチーム作りのあり方について、より理解を深めていただければ嬉しいです。

ではさっそく、これまでマッキンゼー・アンド・カンパニーやリクルート、Googleや楽天などの13社の企業で働いてきた僕が、そもそもなぜチーム作りに目覚めたのか、どのようにそれらを学んでいったのかをご紹介します。

僕の「チーム作り」の原体験を遡ると、１９９５年に起きた阪神淡路大震災で震災ボランティアを行ったことが思い出されます。当時僕は学生で、被災地から離れた大阪に住んでいたので、被害に遭わず、素早く動くことができました。被災地の現場はあまりにも人手が足りず、まさに動ける人にすべての決定が任されるような異常な状況でした。

そもそも、震災におけるボランティア活動は非常にリスクを伴う作業です。余震の続く緊迫した現場は、常に極限状態。そんななかでもボランティアを買って出る人というのは、困っている人の役に立ちたいという強い意欲を持っています。もしこの状態を会社の日常業務に置き換えるなら、あるプロジェクトに対して、すでにやる気を持ち合わせたメンバーが集結しているベストな状態と言えるでしょう。

2日めに避難所へ飛び込んだあと、僕らは生存確認や救援物資などの情報がうまく整理されず、バラバラになっていることに気づきました。そして、これらの情報をまとめ、整理する作業を行っていました。そうこうしているうちに、かけつけたボランティアの配置も兼ねるようになったのです。

そこで気づいたのは、「人それぞれにやる気はあっても、〝やりたい作業〟は同じじゃない」ということです。例えば、遠方から車中泊をしながらかけつけてくれたある学生達は、被災した人々を直接助けるような実感のわく作業を率先してやりたいと思いがちでした。

人手が足りていない現場では、物資の荷物整理やゴミ拾いなどの地味な作業をする人が求められていたのですが、それだと被災者の人々と直接触れ合うことができない。被災者の人々に対して直接元気づけることをモチベーションに据えてやってきた彼らにしてみれば、どうしてもやる気が削がれてしまう。

それを「いやいや、一見地味でも、荷物整理も十分役に立つ作業だよ」と言うのは簡単です。しかし、そもそもボランティアは報酬が出るわけじゃないし、自腹を切ってかけつけてきた彼らのやる気の炎を消してしまうわけにはいきません。それを失ってしまったら、その人は帰ってしまうかもしれないし、最悪、納得いかないまま作業を続けることに疲れきって倒れてしまうかもしれないのです。

そこで、できるだけモチベーションを下げずに作業し続けてもらえるよう、一人ひとりと会話したり、状況を確認したりしながら、なるべくそれぞれがやりたいことと現場での作業が一致するよう、すり合わせていくことが重要な任務になっていきました。

この経験が、仕事におけるチーム作りの非常に大切なポイントとなることに気づいたのは、Google に入社した後でした。

Googleは、非常にミッション・オリエンテッド（理念重視）な会社です。かつては、技術で世の中の仕組みを変えるということは、ダムを造ったり工場を建てたりと、時間も労力もかかるものでした。

しかし、今はたった5人もいれば、世の中を変えるアプリやインターネットサービスを生み出すことができる。だからこそGoogleは、エンジニア一人ひとりの判断でプロジェクトを立ち上げられる「20%ルール」のような仕組みによって、数人単位の力で世の中を変えられるうねりを生み出してきたのです。

Googleには「グーグリネス」という採用基準があります。これは企業ミッションに基づき、いかに無邪気に世界を変えようとしているか、それを仲間と行うプロセスを楽しめるか、上下関係を意識しない態度をとれるかどうかを問う基準です。

僕は震災ボランティアの経験と、Googleに入社したことによって、①全員がやりたいこと②世の中のためにやるべきこと③個人がやりたいこと、の3つをいかに把握し、揃えるかが、組織のマネジメントにおいて最も重要であることを学びました。

WHYを共有していくマネジメント

その後も、いくつかの企業のなかでマネジメントを学んできた僕は、活動を外へと広げていきました。あらゆる分野のスペシャリストが講演する「TED Talks」などのプロジェクトに、イベントボランティアとして関わる機会がしだいに増えていきました。

これらはボランティアなので当然、自分が好きで楽しいことがモチベーションになっています。

震災ボランティアにおけるマネジメントについてのところでお話ししたように、そもそもボランティアに関わるメンバーは、誰もが自主的に参加しています。彼らは誰かを助け、力になれることが好きなのです。なぜ参加しているかと聞かれれば、「好きだから参加している、ここにいる」と答える。こうして集まってできるチームには、どんな困難にもくじけない強度があります。

しかしすでにお話しした通り、全員のやりたいことと現場で求められていることがはじめから一致することはありません。そこで、僕はプロジェクトを通じて集まったメンバーに対し「なぜあなたはここにいるのか」「このプロジェクトを通じて何をやりたいのか」を問い、一人ひとりの「WHY（なぜやるのか）」に対する答えをなるべく活かせるようにマネジメントしていくようになりました。

メンバー全員の「WHY」をすべて満たすのは至難の業です。そこで大事なのは、リーダーが強烈な「WHY」を提示することなのです。例えば、「TED Talks」はなぜこのイベントを行うのか？　さらに、TEDの本家は「なぜ世界各国にイベントを広めているのか？」を突き詰め、徹底的に磨いていく。そして、そこで出た「WHY」が、メンバー一人ひとりの「WHY」と一致するかどうかを確認しながら、できるだけつなげていきます。場合によっては、あまりにも一致しない人には、「あなたの『WHY』も分かるけれど、僕らが大事にしたい『WHY』は違うから、あなたはここでは活躍できない」ということをしっかり説明し、理解して退場してもらうこともあります。一致しなかった人も、そこまでしっかりと説明すれば、「単に需要と供給が合わなかっただけ」と納得してくれるものです。あまりに一致していないのに無理やり「WHY」を重ねても、お互いに苦しくなるだけですから。

僕自身がチーム作りで大切にしているのは、チーム全員で「あなたはなぜここにいるのか」を問い、みんなの「WHY」が、一人ひとりの「WHY」につながるように、対話を重ねて、成長を続けていくことです。「ＷＨＹ」はその人のエネルギー源です。

変化の時代のなかで、メンバーがそれぞれの強みに基づいて、瞬発的に動いても、「ＷＨＹ」をすり合わせさえすれば、大きな方向はぶれないのです。

クリエイティブな組織を見分けるたったひとつの質問

最後にGoogleが突き止めたクリエイティブなチームの特徴を挙げましょう。

Googleは２０１２年「プロジェクト・アリストテレス」と題して、生産性の高いチームに共通の要素は何なのかを分析していきました。「チームの作り方」「チームのなかのルール」などいろいろ探しましたが、決定打が見つかりません。


最後にいきついたのが、「お互いの心遣い、配慮や共感」でした。

これがない組織では、失敗すると恥をかくのではないか？　と冒険をしなくなります。「信頼社会」のときに話したように、チャレンジしてもみんなついてきてくれる、失敗しても受け止めてくれると思えるから、クリエイティブな試みが生まれるのです。こういった空間のことを「心理的安全性」に満ちていると言います。

その「心理的安全性」を見極める質問は、

「あなたのマネージャーはあなたのことを〝人〟として見てくれているか？」

です。〝人〟として見られるから「心理的安全性」が生まれチャレンジが生まれる。〝人〟として見られると、本来の自分でいられるから、自分の個性、好きがより出せて、結果的にクリエイティブになれる。

チームとして、大きな「WHY（なぜやるのか）」でまとまりながらも、それぞれ集う人が〝人〟として認め合い、違いを楽しめてこそ、「心理的安全性」が生まれるのです。

「達成」や「快楽」よりも「自分の生き方」を大切にする「乾けない世代」が輝くのは「心理的安全性」のなかです。〝人〟として認め合うことでメンバーみんなが自分の色を全部出し合って、彩りある未来の絵を描いていくのです。

第4章

個人の働き方

さて、本書もいよいよ最終章となりました。この章では、個人としての僕自身の働き方や生き方を通して、変化の時代における新しい働き方のヒントを提供できればと思います。会社員として働く人も独立している人も、自分の内側から溢れるモチベーションをエンジンにした働き方の参考にしていただければ嬉しい限りです。

月に100時間しか働かない

僕は1ヶ月単位でおおまかなスケジュールを決めて行動しています。そのうち、2週間弱はベースとなるシンガポールやバリ島にある自宅で過ごし、オンラインを通じて仕事をしつつ、なるべく妻と娘とじっくり時間を過ごすようにしています。

さらに1週間は東京へ行き、イベントのボランティアをしたり、取材を受けたり、刺激的な出会いを求めてあちこち出向いたり、交流したりしています。

残りの1週間は、アムステルダムやクアラルンプールなど、世界各国をなるべく家族と一緒に回っています。幸い、娘の通う学校は休みが多いので、そのぶん世界中のさまざまな景色や出会いを家族で味わえるようにしているのです。

これは一見、家庭にも僕の仕事やビジネススタイルを持ち込んでいるようにも見えるかもしれません。ただ、僕は単なる公私混同をしているのではなく、人生そのものをひとつのプロジェクトと捉え、そのなかに仕事と家庭があり、教育があり、さまざまな工夫や調整をしている、というイメージを持っています。もちろん優先するものはあらゆる局面で変化していきますが、今の僕は、僕の出張先が家族との冒険につながるように、娘の成長につながる発見やイベントを得るために、できるだけスケジュールを決めるようにしています。

さて、こう書くと僕が月に何時間働いているか気になる方もいらっしゃるのではないでしょうか？　僕の勤務時間はだいたい２７０時間です。しかし、そのなかでお金をもらっている時間は１００時間。主に企業や個人のコンサルティングを行い、そこで報酬を得ています。つまり、残りの１７０時間は、本当に好きなことだけをしている時間です。

「ご縁（人に人を紹介し、つなぐこと）」はお金に換えない

僕は人と人の縁をつなぐことが得意で、「生きがい」です。

そんな僕がここ最近、「ライフワーク」として取り組んでいるのは、３年後にＡＩ技術に追い抜かれそうな市場に先回りし、一足先に、ＡＩ技術に特化したエンジニアと、市場の技術者をつなげることです。

例えば、僕は今、素材工学に大きなポテンシャルがあると感じています。みなさんも一度は使ったことのある接着剤。実は、どういう原理で接着しているのか、厳密には分かっていないのです。

このように、原理が分からないもの、理屈で説明しきれていないものは、今までは職人の勘で探り当てられた偶然性によって生み出される技術でした。しかし、これらの作業は今後、ＡＩとロボットに置き換わる。すると、日本の素材工学における市場そのものが、あっというまにＡＩとロボットに追い抜かれる可能性があるのです。

すでに、米半導体メーカー「NVIDIA Corporation」が、ディープラーニングの技術によってロボットの行動学習を自動で行うシステムを開発しました。何が起こるかというと、これまでロボットに実験をさせるためには、一定の作業をロボットに覚えさせる必要があった。そこで、「NVIDIA Corporation」はロボット自体をバーチャル化させることによって、仮想空間のなかで何万回もの行動学習を、一瞬のうちに繰り返しできるようにしたのです。さらに、一定の作業行程を覚えたロボットは、今度は現実空間で何万種もの実験を24時間休まずに、AIで学習しながら、実験し続けることができます。

すると、これまでは職人の試行錯誤によって偶然生み出されたような技術を、ロボットが作り出せるようになる。ラーメン職人にしか作れない秘伝のスープも、何万パターンとロボットに実験させて、見つけ出すことができるようになるのです。

そうなると、日本人が最も得意とする職人技の大部分が、ロボットに追い抜かれてしまうかもしれない。そこで僕は、3年後にAI技術によって追い抜かれそうな化学会社へ行き、〝ナンパ〟をするのです。僕はすでにIT関連会社の社長やエンジニアとのつながりがあるので、彼らと化学会社の社長さんらを集めて〝合コン〟をするのです。すると、例えば化学実験をシミュレーションさせる技術を持ったエンジニアと、接着剤の技術を持った研究者が出逢うことによって、いち早くＡＩ技術によって自社で技術の最先端をつかむことができるのです。

僕が人と人をつなげるのが好きなのは、つなげた人同士がピタッとうまく噛み合うことでイノベーションを生む「着想」が起きるからです。サッカーでたとえるなら、ありえないパスを出したとき、ありえないダッシュでボールを拾ってくれて、シュートを決める瞬間の気持ちよさ。この瞬間が、僕はたまらなく好きなのです。

もちろん、彼らを紹介するとき、仲介料や株などは一切いただきません。僕がなぜ「ご縁」でお金をもらわないのか？　簡単にいうと、〝濁る〟からです。僕自身が人と人をつないだり、そこで着想を得たりするときの純粋で楽しい気持ちに、利益という視点を加えることによって、それは本当に新しいものではなく、〝僕が儲かるための新しいもの〟に濁ってしまうリスクがあるのです。

例えば、以前僕が執行役員を務めていたインターネットマーケティング会社「Fringe81」では、一定のお給料をいただいているぶん、株は持たないようにしていました。株を所有してしまうと、どうしても僕の性格上、コミットし続けていかなければいけないと決めてしまうからです。

例えば僕が好きなクリエイターが、インターネットマーケティングについて詳しい人を探しているとき、彼とより相性のいい人が他にいたとしても、必ず「Fringe81」を紹介しなければならないような義務感を持ってしまいます。すると、僕にとっての人と人をつなげる楽しさや、好きでやっているからこそ保てる純度に、ノイズが入ってしまう。

僕は、人と人をつなげることによってお金を得ないかわりに、そこで生まれる新しい「ご縁」を得ています。実は、一見タダ働きに見える170時間こそが、自分への最大の投資になっているのです。

例えば、僕がコンサルをしている企業（クライアント）に、超売れっ子クリエイターを紹介するとします。人気クリエイターはスケジュールが埋まっているぶん、なかなか仕事を受けてくれません。しかし、僕が普段から「ご縁」をつなぐときにお金をもらわず、純粋に楽しんでやっていることで「尾原からきた案件は、嘘がないから信用できる。だって、人と人の縁をつなぐことに関しては本当にピュアにやっているもんね」と言って信じて引き受けてくれるのです。

つまり、「ライフワーク」として楽しんでやっていることが、仕事の場面での信用につながります。

僕は自分が最も得意な「着想」と「縁つなぎ」を「ライフワーク」としてやり続けることで貯めたものを、クライアントワークのなかで活かしているのです。

強みを磨き続け、自分にしかできないことを仕事にする

僕は子どものころから、インターネットや最新の電子機器類が大好きです。大人になってＩＴ業界で働くようになってからも、「ライフワーク」として世界各国を周りながら、最先端のＩＴ技術や動向を常に拾いまくっています。

最新技術に詳しいことによって、僕は、企業が新しいプロジェクトを立ち上げたとき、将来起こり得るリスクを他の方よりも早く想像することができるようになりました。

例えば、初めて新規事業を立ち上げる人には、一方向からしか見えない課題やリスクも、僕からは20方向くらいから見える。よって、企業に対し「その新規サービスは素晴らしいですが、今後、こういう最新技術によってすぐに追い抜かれます。また、その仕組みだとこんな問題が起こり得るでしょう」というように、先回りした指摘をすることができるようになりました。

新規事業にトラブルはつきものですし、特に斬新なアイデアであるほど、避けて通れない問題も出てきます。そのため、僕はこれまで何度も何度も、トラブルの対処を繰り返してきました。しだいにこれが僕の得意技になり、気づけばあらゆる企業から、〝プロジェクトが炎上したときの消防士的役割〟が回ってくるようになりました。

人は一生で一度新規事業プロジェクトに出逢えるかどうかです。ましてや、そこで起こるプロジェクトのトラブルはめったに出逢えません。でも、僕は消防士の方がたくさんの火を消しているように、新規プロジェクトに日常的に関わっている。そうすることでさらに僕はそれが得意になって、より声がかかりやすくなる。珍しいことだからこそ、代わりが生まれにくい。

この役割はなかなか人とかぶらない、より特化した僕の強みです。

つまり、僕は自分が好きなことや得意とすることを、有償無償をうまく分けながら際限なく突き詰め、僕自身が楽しいと思える純度を保ち続けることでよどまない、いい循環を生み出しました。その結果、自分が得意とする仕事ばかりをどんどんやれるようになったのです。そして、その得意なこともまた、日々進化しています。

その積み重ねが、バリ島やシンガポールでフラフラしているにもかかわらず、時には経産省から対外経済政策委員を任せていただいたり、世界中を仕事で周りながらも、家族と冒険できたりすることにつながっているのです。

キャリアの始まりは議事録係

「好き」、「強み」を軸に生きている僕の働き方は特殊に思えるかもしれません。しかし、僕もみなさんと同じように、最初は何も持っていませんでした。

ではそんな僕が、いつ・どこで・どうやって自分の得意の〝タネ〟を見つけたのか。話はもう一度、阪神淡路大震災での出来事に遡ります。

今思えば、当時のボランティア経験は〝今の僕自身にしかない強み〟を認識する機会をたくさん与えてくれました。例えば、あの混乱の最中でも避難所に素早くかけつけることができたのは、僕がバイクに乗れたからです。現地でのさまざまな情報整理の作業を手伝えたのは、僕がネットオタクのパソコンオタクで、サーバーの設定まで全て一人でできたからです。しかも、当時はＩＴに詳しい人が少なかったこともあり、僕はしだいに現地での自分の価値を認めてもらえるようになりました。信頼され、任される仕事の範囲もしだいに広がっていったのです。

そのなかで、僕が最も価値を見出されたのは、会議などでの会話をリアルタイムでパソコンに打ち込み、議事録にする能力でした。今となっては珍しくもないことですが、当時はまだリアルタイムで議事録をとれる人が少なかったのです。会議終了と同時に議事録をみんなに渡すと「え！　こんなにすぐに議事録が出来上がるの?!」と重宝されるようになりました。実はこれが、僕が初めて「マリオのスターを獲得した瞬間」だったのです。

僕はこの経験を活かして、社会人になってからも会議や食事会のたびに進んで議事録をとるようになりました。すると、色んな人から「尾原を会議のメンバーに入れておくと議事録がすぐに出来上がる」と、会議や食事会に呼ばれるようになっていくことができたのです。

不思議なことに毎日のように会議に出て議事録をとっていると、次第に、議論が飛んでしまったり、会話が煮詰まったりする原因が見えてくるようになりました。そこで「今、議論が別方向にいってしまっているので、いったん話題を元に戻してはどうでしょうか」と言うことができるようになっていきました。こうして僕は少しずつ、会議の方向性をアドバイスしたり話題をまとめたりする力を身につけていき、だんだんとファシリテーター（会議において議事進行をしたり、プロジェクトそのものを中立的な立場から支援する役）へと成長することができたのです。

つまり、単に自分が好きだったり得意だったりすることで、他の人にはできないことをひたすらやり続けていたら、次第に活動範囲が広がったり、自分の「好きなこと」自体がバージョンアップして、価値がどんどん上がっていったのです。

誰だって、最初にできることは、ほんの小さなことです。しかし、それを夢中になって続けていれば、誰もが求める価値を持つことができるようになるのです。

非日常で仕事をする

「好き」を仕事にするということは、オンもオフもないということでもあります。これまでの時代は、ほとんどの人が仕方なく仕事（オン）と私生活（オフ）を切り替えてきました。しかし僕は、働きながら非日常のなかにいる状態を意識的に作っています。ここでいう〝非日常〟は、訪れた土地がもたらすものだったり、新たな出逢いが作るものだったり、仲間と共謀して何かを巻き起こすことだったり、さまざまです。僕がバリで生活し、働いていることもそう。だから、もはやオフなんてなくて、永遠に非日常のなかでオン状態なのです。

先に説明していますが、これからは仕事と私生活が分離した「ワークライフバランス」ではなく、生きがいをお金に換えていく「ライフワークバランス」の時代です。

本当に自分が好きなことや、得意なことであれば、いくら働いても不思議とエネルギーが湧いて、どんどん楽しくなってしまう。僕の働き方は、ともすればブラック企業かというほど働いているようにも見られますが、そもそも、それがやりたいことで満足できているのなら、仕事にブラックもホワイトもないと思うのです。稼ぐために働いているのではなく、生きがいのために働いているのですから。生きがいのために働くことは、本人にとっては遊んでいるようなものなのです。

勇気を出して
引きこもるのもアリ

では、あくまで稼ぐために働いていて、好きなことは特にないという人はこの先どうすればいいでしょうか。もしあなたが、今（２０１７年）の時点で55歳以上なのであれば、貯金さえあれば、これから変化の時代が来ても逃げ切れると思います。あくまで保証のない、僕なりの分析ですが。

それより若い人たちに言えるのは、「思い切って引きこもって、ひたすら好きなことをやり続けるのもアリ」ということ。といっても、いきなりニートになれと言っているわけではありません。これまで「稼ぐこと」のために特に好きでも得意でもない仕事をしてきた人は、働くことの「生きがい」としての価値は0に等しい状態なのではないでしょうか？　そういう方は、一刻も早く、「生きがい」を見つけるための投資をしたほうがいいかもしれません。

なぜなら、一説によれば、今この本を読まれている若い方々の寿命は１００歳を超えるだろうと言われており、もしそうなれば昨年生まれた人は平均寿命が１０７歳にもなります。そうすると60歳まで会社に尽くして、余生をのんびり暮らすというのは限界があります。与えられたことをこなすのではなく、「自分の好き」を見つけることこそが求められるのです。

そのためには、やりたくない仕事を続けるくらいならば、いっそ引きこもって〝自分の好き〟と向き合ったほうが良いのです。

例えば、最近ＣＭでもひっぱりだこな高校生ラッパー、「ぼくのりりっくのぼうよみ」さんは、15歳くらいのころ、一時期家に引きこもり、そのときに抱いていた違和感や感情をライムにして、ラップを作っています。さらに曲を動画サイトに投稿して、共感してくれる人がだんだん集まり、ファンができていきました。

引きこもっていた時期の彼は、一見〝みんなと同じ生き方を諦めて引きこもった人〟に見えるかもしれない。しかし彼は、無理をしてまで周囲に自分を合わせず、一度引きこもることによって、唯一無二となる自分の価値を見つけることができたのです。そして音楽とインターネットを通じて、リアルでは出逢えなかったたくさんの人とつながることができたのだと思います。僕も彼のラップの大ファンですが、その独特なライムは、新鮮でいて不思議と深く共感させられるものがあります。

今はインターネットの時代ですから、オンライン上でいくらでも同じ趣味や嗜好を持つ仲間とつながることができるし、一緒に切磋琢磨していけます。そして、人と違うエッジを持つ人は、「アイツは何やら面白い」と見出され、支持されていくのです。

僕が赤いマフラーをし続ける理由

自分の「好き」や「生きがい」、仕事をする「意味合い」。これらを突き詰めていく生き方を始めるには、人とは違う自分だけの人生にエントリーしなければなりません。

僕たち日本人は、とりわけこの「人とは違うこと」を恐れます。確かに、人と違う生き方は時々しんどいし、「好き」を突き詰めていく過程や、理解されるまでの日々は孤独です。しかし、「好き」のエッジが利いてくるほど、必ず気の合う仲間を呼び込んでいくのです。

僕は普段から、赤いマフラーを身につけて行動しています。これは僕のトレードマーク。仲間に見つけてもらうための目印です。

僕はバリ島やシンガポール、東京をはじめ、世界各国を周っていますが、この目立つ赤いマフラーがあれば、「尾原さんじゃないですか！」とあちこちで声をかけてもらえます。

先日も、東京に着いたばかりの日に、銀座「そば 俺のだし ＧＩＮＺＡ」の肉そばがどうしても食べたくなってお店に入ったら、シンガポールの友人が偶然前の道を通りかかり、赤いマフラーをしてそばを食べている僕に気づいて、「こんなの尾原しかいない」と言って声をかけてくれ、再会を果たすことができました。

近年ではテレビや講演に呼んでいただける機会が増えたので、そこでも必ず赤いマフラーをつけるようにしています。

さらに出会いのきっかけを増やしてくれるのが、僕が背負っているソーラーバックパックです。バッグの背面が一面ソーラーパネルになっているイカついバッグなのですが、もの珍しさもあって、国内外を問わず、空港や街なかで「それ何ですか?」と声をかけられます。

ソーラーバックパックに興味を持ってくれる人は、だいたいが僕と同じデジタルガジェット好きか、エコ好きなのです。彼らは初対面でも「好き」を共有できる僕の仲間です。よって、前者の人とはインターネットの未来を、後者の人とは、自然との共存を楽しく持続的に行っていくために我々に何ができるかを、よく語り合います。特に、ＩＴの聖地であるシリコンバレーで行われるカンファレンスなど、生粋のガジェット好き仲間が集まるところに背負っていくと、もう磁石のように仲間が集まってきてくれます。こうして、僕の「好き」の源泉である「ご縁」や「着想」が生まれるわけです。

自分の「好き」のエッジを尖らせていく生き方における僕の師匠は、キングコングの西野亮廣さんです。彼の発言は毎日のようにインターネット上で炎上を起こし、Yahoo! ニューストピックスのトップを飾ります。

以前からその様子をインターネットで見ていた僕は、先日、楽天が主催するイベントで一緒に登壇させていただいたときに、西野さんにこんな質問をしました。

「そんなに毎日炎上させて、敵をたくさん作って怖くないんですか?」

すると西野さんは嬉しそうに答えてくれました。

「僕の発言は議論を呼ぶから、敵も生まれるけど、仲間も集まってくれる。1万人の敵ができても、同時に100人の仲間ができる。もし、1万人の敵を怖がって、声を小さくしたら、敵も少なくなるけど、その分仲間も減ってしまう。僕にとっては、敵を作ることより、仲間が減ることのほうが怖い」

西野さんの発言のような、議論を巻き起こす話題のことをコントラバーシャル(controversial)と言います。西欧圏では、「議論が巻き起こるところには、新しい何かが隠れている」といって尊重されるものです。

電気自動車「テスラ」などの発明で、自動車業界に革命を起こしているイーロン・マスクさんは「誰もが違和感を覚える課題こそ大切にしろ」と言います。

さらに、コントラバーシャルな話題は議論を呼ぶので、SNSの中であっという間に拡散していきます。その拡散は敵も呼びますが、普段は出逢うことのない仲間をも呼ぶのです。

僕は西野さんのようにかっこよく、「1万人の敵がいても、100人の仲間を大事にしたい」と言えるほどの胆力がないので、僕なりの方法として、赤いマフラーとソーラーバックパックというピエロのような奇妙な格好で、仲間を呼び込みます。

あなたの「好き」を突き詰めていくと、印になるアイテムが見えてくるはず。ぜひそれを身につけてみてください。「好き」を旗印にして、仲間をどんどん呼び込んでいきましょう。

「他人に迷惑をかけちゃいけません」という現代の呪い

（ありがとうの返事はおたがいさま）

自分の「好き」を貫くときのお邪魔虫。それは、今の日本人にかけられた「迷惑をかけちゃいけません」という〝呪い〟です。

ほとんどの日本人は、小さいころから両親や学校の先生にそう言われて育ってきました。そんな人々にとって、誰かに迷惑をかけることは「悪」です。だから、常に「他人から見てどうか（迷惑になっていないか）」を気にして生きている。やがて他人の目線や他人の評価軸を取り込むことに慣れ切った人々は、何か行動を起こすときも、自分がどうしたいかより、他人から見てどうか、他人に迷惑をかけないかを一番に気にしてしまいます。

そんな人から見れば、どこでも赤いマフラーをつけて行動する僕だったり、西野さんのような炎上上等での仲間作りなんてもってのほか。「そんなことしてよく恥ずかしくないな」と思うことでしょう。

ところがインドでは日本の反対で、親は子に対して「あなたは誰かに迷惑をかけて生きていかなければならないのだから、他人の迷惑も受け入れてあげなさい」と言うそうです。

では日本は昔から「他人に迷惑をかけてはいけない文化」だったのでしょうか?

昔の日本人は、長屋という細長い住宅に何世帯も住み、何でも分け合って生活してきました。元々「おたがいさま」の国民なのです。かつてはテレビがある家は珍しく、持っている人の家に集まってみんなで番組を観ていたのです。

しかし戦後、国をあげて経済成長していく時代になると、テレビは〝持っている家に集まって観るもの〟から、〝一家に一台〟に変化していきました。

すべての家に家電が行き渡れば、ご近所同士のモノの貸し借りがなくなります。こうして、〝迷惑をかけちゃいけない〟という〝呪い〟が生まれてきました。

しかし、〝迷惑をかけちゃいけない〟という〝呪い〟は、ご近所同士のモノの貸し借りをやめることにとどまらなかったのです。いつしか、コミュニティの枠から飛び出したり、チャレンジしたりする人に対し、「失敗して誰かに迷惑をかけたらどうするんだ?・」という風に問いかけるようになっていった。みんなと同じ色に染まっていれば、誰にも迷惑をかけないと思い込むようになってしまったのです。

しかしこれから訪れる変化の時代では、「おたがいさま」と言えるような大らかさや、人それぞれの違う色を発揮できるような風通しの良さがないと、どんどん行き詰まってしまいます。

もし誰かにちょっと迷惑をかけてしまったら、そのぶん「ありがとう」と言ってもらえる行動を起こしましょう。そして誰かに「ごめんなさい」と言われたら、「おたがいさま」と言って、迷惑を受け止めてあげられる笑顔を見せましょう。

そうやって少しずつ、自分にかかっている〝呪い〟をといていきましょう。

自由に世界をかけめぐれる時代

「シェアリングエコノミー」という言葉をご存知ですか？　自分の家の空いている部屋をホテルとして他人に貸し出せる「Airbnb」や、空いている時間で自分の車をタクシーにできる「Uber」など、家やモノ、時間といった〝空き資産〟を他者と共有（シェアリング）することから生まれる経済のことです。

これって、日本がかつて長屋生活をしていたころ、何でもモノを貸し借りしていた習慣とそっくりですよね。

現代のように、日本が人口増加から減少に移っていくなかで、〝テレビも車も一家に一台〟から、〝みんなで共有〟という長屋時代の習慣に戻っていくことは、必然的な時代の流れといえるかもしれません。

しかし、そんな風に、経済も生活も小さくコンパクトになることだけがシェアリングエコノミーの本質なのでしょうか？　いいえ、シェアリングエコノミーは「人の〝好き〟を追究できる自由」を生み出すところに面白みがあるのです。

バリ島で出逢ったある友人は、バリ島とベルリンにそれぞれ家を所有しています。

一見すると家賃が2倍もかかって、お金を使う自由が減ってしまいそうです。しかし、彼はバリ島にいるときはベルリンの家をAirbnbで貸し出しています。ベルリンにいるときは、バリ島の家を貸しているのです。

つまり、バリ島にいるときはベルリンの家が家賃を稼いでくれて、ベルリンにいるときはバリ島の家が稼いでくれている。よって、彼の1ヶ月の家賃は、家が2軒あるにもかかわらず、1軒ぶんで済んでいるのです。さらに、彼がシンガポールに旅行しにいったときは、2軒ぶんの家賃によってホテル代を賄うこともできるのです。

そう、彼はシェアリングエコノミーのおかげで、家賃1軒ぶんで世界中どこにでもいられるという自由を手にしているのです。

もしかして、シェアリングエコノミーに対して「迷惑の呪い」が湧いてきていませんか？　自分が他人の家を借りて迷惑をかけていることにならないだろうか？　逆に、自分の部屋を貸して、誰かが汚したりと迷惑をかけられないだろうか？

インターネットの時代では、これらの心配はレビューが解決してくれます。例えば、

Airbnbでは、部屋を大切に扱う宿泊客は貸し主から「キレイに泊まってくれてありがとう」とコメントされ、高評価がつきます。この評価があると、次の貸し主は「迷惑をかけられるんじゃないかな?」などと心配せずに、安心して部屋を貸すことができます。

さらに、借りる側も「この人は部屋をキレイに使ってくれる人だ」と信頼されることで、よりいい部屋を借りることができます（Airbnbでは、宿泊を希望する客に対し、貸主が部屋を貸すかどうか、事前に相手のレビューをチェックして判断できるようになっています）。

僕も、頻繁にAirbnbを利用しています。ある程度高評価なレビューがたまってくると、高評価な人だけに貸し出される良質な部屋を、格安で借りられることもあります。例えば以前、家族でオランダを訪れたときのこと。借りた家は街の中心地・駅チカなのに激安で泊まれたので、「こんなにいい家がどうして安いのか」と不思議に思いました。

そのお家は、子どものおもちゃや生活用具がそのまま置かれており、冷蔵庫を開くと2つぶんの棚だけが空いていて、「ここは自由に使ってね」とメモが貼り付けてあるだけで残りの棚には使いかけの食料が詰まっていました。

ずいぶん不用心です。他人に部屋を貸すのに、鍵付きの棚に隠しておかないだなんて日本でも考えられないことです。ましてや、冷蔵庫をそのままにするだなんてもってのほか。完全にキレイにしておかないと迷惑がかかる、または食料を盗まれるんじゃないかと疑ってしまいます。

しかし、貸し主も借りる側も、Airbnbでは、勝手に人の食料を食べてレビューに悪く書かれた場合は、部屋を借りられなくなることを理解しています。

貸し主は家のものに鍵をかけたり整理する手間をかけなくてすむから、そのぶん、安く貸し出すことができる。借りる側もそのぶんいいお部屋をちょっと安く使わせてもらうという、まさに「おたがいさま」で「適度な迷惑のかけ合い」が生まれていくのです。

こんな風に、インターネットの世界では「信頼」が可視化されていくので、お互いに適度な迷惑をかけ合うことで、自由を広げていくのです。

この評判の可視化はレビューだけじゃないです。SNSで信頼情報が循環しやすくなっているので、どんな振る舞いでも様になっていきます。

そう、「情けは人のためならず（巡り巡って）おのれのためなり」ですね。

あなたが持っているモノ・スキル・時間を、今までよりほんの少し多めにシェアリングしてみましょう。

その評判がたまっていくと、あなたも人からシェアリングを受けられるようになっていきます。

コツコツが
浮かばれる時代

「評判」が可視化されていく時代は、悪い「評判」が一瞬で広まってしまうので、一見すると総監視社会のように見えるかもしれません。しかしこれは、「おたがいさま」な「適度な迷惑のかけ合い」によって、むしろ自由が広がっていく時代です。

この「評判」が可視化される時代は、仕事において〝意味合い〟を重要視する「乾けない世代」の味方をしてくれます。これからは、好きなことをコツコツやる人こそが浮かばれる時代でもあるからです。

先ほどシェアリングエコノミーの代表例のひとつとして、Uberを挙げました。このサービスの便利なところは、Uberアプリを通して事前に目的地を指定でき、最短距離での料金が表示され、クレジットカードで自動決済してくれることです。

海外でタクシーに乗るときは不安がつきものです。「ぼったくられるんじゃないか？」とメーターを凝視し続けたり、「変なところに連れて行かれないか」と慣れない地図と街の通り名を確認したり。Uberはこれらの不安を解消してくれるのです。

また、必要なやりとりはアプリを通して行うため、言葉が通じなくても問題ありません。
そのため、Uberのお膝元であるカリフォルニアのドライバーは移民の方が多いのです。そもそも彼らは、「移民だから」という理由で真っ当な職業に就けないことがあるため、Uberは彼らにとっても便利な職業ツールとなっています。

Uberは、Airbnbと同様、乗客がドライバーを評価するレビューシステムがあります。Uberドライバーは毎日何人もの客を乗せるので、あっという間にレビューがたまります。

そのため、たとえ偏見を持たれがちな移民の方でも、きちんと真面目に仕事をする人は、レビューによって高評価を集めるので、より多くの乗客に恵まれるようになります。僕も、高評価なドライバーに乗せてもらったときは「どこの国からきたの？　アメリカのどういうところが好き？」などと声をかけ、会話を楽しませてもらっています。

また、Uberでコツコツと満点の5つ星を毎日ためていったドライバーは、たとえ移民の方であっても、車が他よりも安いローンで買えるようなケースも増えてきています。

さらに、この好きなことをコツコツやることが価値に変わることの究極がライブ動画ストリーミングプラットフォーム「SHOWROOM」です。

SHOWROOMは、誰もがライブ放送ができるアプリです。すごいのは観客がこの人を応援したいと思ったら〝お金〟をあげられるのです。この観客からの応援収入が月に1000万円を超える人もいます。

人から応援をたくさんうける人の特徴はなにか？ SHOWROOM代表取締役の前田裕二さんは「コツコツとやること」だと言います。

たとえ歌い手がヘタだとしても、コツコツと好きなことに打ち込み続ける姿は共感を呼び、つい応援したくなる気持ちにさせるのです。

僕はこれを聞いて、SHOWROOMは高校野球2・0なんだと思いました。高校野球を見ていると、球児の限界を超えた頑張りや、その先にある成長につい声をあげて応援したくなる。SHOWROOMは誰もが自分の好きなコトをとことんやる、甲子園のような頑張りが応援される舞台なんだと。

インターネットの時代では、オンラインによってSNSもライブ動画でもいつでも、ずっとつながっていられます。よって、自分がコツコツやっていることが可視化されやすいのです。

あなたが自分の「好き」に打ち込む姿も、きっと誰かが共感して応援してくれます。

好きなことに打ち込む熱量は、見ている人を元気にします。これがAIやロボットによってあらゆる作業が効率化されていくなかで、人に残された大事な役割です。

使いかけの口紅をメルカリすることの豊かさ

ＳＮＳでのシェアが自由を生み、「おたがいさま」で「適度な迷惑のかけ合い」が、大らかさを生む。お互いの「好き」を交換できる時代は、あなただけの「好き」が、独自の色を、放っていきます。

ちょっと関係ないようなエピソードから入ります。

「メルカリ」というフリマアプリをご存知ですか？　ここではユーザー同士が気軽にモノの売買ができるため、本当に「エッ！」というものが売られていたりします。

メルカリで頻繁に売買されているモノのひとつに、使いかけの口紅があります。ぎょっとしますよね。「使いかけの口紅なんて不衛生じゃないの？」「それとも、新品の口紅を買う余裕がないから、そんなものを買うの？」と思うのも当然です。しかし、実は非常に合理的な方法で売買されているのです。

口紅は、使ったところだけ斜めに切り落とせば、新品と同じです。

そして口紅は小さいので、送料も少額で済みます。

そのため、1回だけ使って気に入らなかった口紅は、口をつけた部分だけ切って売れば、新品に近い商品としてそれなりに高く売れます。見方によっては、これは口紅のシェアリングサービスと同じだと言えるのです。使いたい分だけ使って、残りを次の人に売れば、差額と少額の送料だけが利用代ということになります。

しかも、メルカリのダウンロード数は国内だけで5000万（2017年6月30日時点）にも上ります。莫大な数のユーザーがいるので、たとえ手元にある口紅がイエローで、ハロウィンパーティでしか使えないような色でも、意外と買い手がつくのです。

買い手の立場に立ってみるとどうでしょうか？　店頭で買うより安く済むのであれば、たまにはパーティで目立てるような、普段使ったことのない色を選んでみるのもいいなと思えますよね。

気づきませんか？　これは、インターネットにおけるあなただけの好き・嗜好性という〝色〟においても、同じことなのです。

インターネットは、あなたにとってはいらなくなった口紅の色を、必要としている誰かと、あなたをつなげてくれる。つまり、あなたにとっては〝この色はいつも使えなくてしまっておくしかないなと思える〟ようなものでも、〝「好き」って言ってくれる人がいるのか分からないようなもの〟でも、それを「ありがとう」と言って受け取ってくれる人を見つけることができるということです。

世の中には、どんな需要があるか分からないものです。インターネットを通じて使いかけの口紅を売ってみる気軽さで、あなただけの「好き」をどんどんさらしていきましょう。やがて、周りから「ありがとう」と言われ続ける、あなただけの色が見つかります。

そして、あなたが発信した「好き」が、誰かにとっての珍しい非日常になるのなら、あなたはパーティで使いたいとっておきの口紅と同じ。色んな人の非日常を飾るようにひっぱりだこにされ、みんなから「ありがとう」と言われ続けるでしょう。

自分にとって〝誰が好きと言ってくれるか分からない色〟でも、誰かが「好き」と言ってくれる。あなただけの色をどんどん人に提供していきましょう。やがて、持続的に人から「ありがとう」と言ってもらえる自分だけの「好き」が見つかります。

自立とは、依存先を増やすこと

ちょっとだけ堅い話をさせてください。

変化する時代を生きるには、「好き」を磨くこと以外にも、大事なことがもうひとつあります。それは、変化する時代では、変化しないでいることのほうがむしろリスクだということです。

なぜなら、今あなたが勤めている企業も、もしかしたら仕事も、すべてロボットにとって代わられるかもしれないからです。

よって、自分が依存する先が一ヶ所しかないと、その一ヶ所がつぶれたときに路頭に迷うことになってしまう。変化する時代を自由に、自立して生きていくことは、何にも依存しないことではありません。むしろ依存先を一ヶ所にしぼらず、複数持つことが大事です。

「自立とは、依存先を増やすこと」という言葉は、脳性まひの障害がある小児科医の熊谷晋一郎さんの言葉です。彼は、東日本大震災のときにエレベーターに乗ることができず、研究室から逃げ遅れた経験から、〝健常者は階段やはしごなどによって逃げる「依存先」が複数あるのに対し、障害者はエレベーター一択であったこと〝つまり依存先がひとつしかないのが障害者の本質であると思ったといいます。

僕はこのエピソードを知ったとき、人間にとって代替しにくい強い依存先の代表こそ国家であると思いました。トランプ大統領が移民に対して否定的見解を示したとき、多くのアメリカにいた移民が困惑しました。

一方で、国を超えて、複数の所属先に生きている人達も現れています。

僕自身もまた、日本だけに依存しない生き方を模索中です。ただ、それは一部の人間のみの特権と思われるかもしれません。しかし、コツコツが報われる時代がきているのです。

「Uber」にたまった高評価は、真面目に仕事をする、事故を起こさない優秀なドライバーの証明です。しかも「Uber」では、乗客とのやりとりをすべてアプリが行ってくれるので、現地の言語や地理が分からなくても働くことができます。つまり、理論的には中国語圏でも、アラブ圏でも生きていけるということなのです。

渡航費用も、真面目なドライバーであるならば、確実に利息をつけて返してくれる。投資家も現れるでしょう。国家は今、余裕がなくなってきていて、移民に対し「お前はもう仲間じゃない」という叫びが広がっている。だけど、インターネットによる信頼の可視化が、人の依存先を増やし、自立を促してくれると僕は信じています。

縁《ふち》に生きる人達は前の縁を捨てて、次の縁だけにすがらざるを得なかった。でもネットはつながりを緩やかにするものだから、複数の縁を持つことができる。そうすると、なにか依存先が壊れても、自立し続けることができる。だから縁《ふち》にいることこそが安定する時代になってきているのです。そして、この異なる色を持つ方々が仲間にいることが第3章の信頼のパートで語ったように変化の時代に力を発揮します。

こんなようなことをSNSにポストをしたときに同好の師であるTEDxHimiファウンダーの川向正明さんが素晴らしいエピソードをコメントしてくださいました。

「Use your strength（君の強みを使えば）」

山道を散歩していた親子の前に丸太が横たわっていて、子どもが「ぼくにも動かす

ことができる?」と父親に質問したところ、父親は、

「You can do it, if you use your strength（もし、君の強みを使えば、君でもできるよ）」

と言いました、ところが1人で動かそうとしても動きません。

そうしたら父親が、

「I'm your part of strength（僕は君の強みの一部だよ）」と言ったというエピソードです。


思い切って縁《ふち》に立ち、複数の縁を楽しみましょう。そうすると、あなたの当たり前が誰かの「ありがとう」に連なり、そして、あなたの強みが誰かの強みの一部になる。


素敵じゃないですか?

だから、世界が、自分が、余裕がなくなってきても、閉じて依存先を減らすのではなく、勇気を持って、誰かとつながり、誰かの強みの一部になり続けていけたら素敵だと思います。

思い切って縁《ふち》に立ち、複数の縁を楽しみましょう。

外にある
インサイトじゃなく、
自分だけにしか
見えない「WHY」が
時代をつくる

第2章で、ＡＩの時代は課題解決よりも課題発見が大事だという話をしました。
ただ、すでにあらゆるモノで溢れた現代で、日常のなかからそれを見つけ出すことは困難です。

そんな時代に大事なことは、すでに存在するモノに対する「意味のイノベーション」です。

なんのことか分かりにくいですね。実は私も、ビジネスプランナーの安西洋之さんからヒントを与えていただき、自分なりの咀嚼を続けている最中なのです。

たとえ話から入りましょう。

iPhoneはここ10年で世界を大きく変えたイノベーションのひとつです。
iPhoneは何がすごいのでしょうか？　指で直感的にできる操作性？　大きなスクリーン？　綺麗なカメラ？　色んなプログラムが走るアプリ？
ひとつひとつの機能は確かにすごいものですが、これだけではありません。

iPhoneが世界を変えるほどのモノになったのは、iPhoneを通すことで、自分が見た風景、ふと浮かんだ考えをカメラやテキストで切り取り、瞬時にインターネットでシェアすることができること。

ランチタイムには、すぐさま地図や交通情報、レストランのレビューなどで情報を得て、スムーズにお店へたどり着くことができること。しかも、お店へ行き着くまでの間、好きな音楽を聴いたり、動画を観たりできる。そこで何か新しい発見や、アイデアが生まれることもある。

つまりiPhoneは、電話という人と会話するツールを、「自分をより好きになること、リアルにふれること、より自分を表現できるようになること」という「新しい意味」にイノベーションさせたということにあるのです。

これは、みんなの行動を観察するインサイトから生まれたのではなく、アップル社創設者の1人であるスティーブ・ジョブズさんが貫いた「Think Different（人と違うように考えられること）が人にクリエイティビティや、その人だけの人生をもたらすことができる」という強い信念、つまり「WHY」から生み出されたものです。

ジョブズさんは養子だったので、生い立ちからくる違和感・歪みを肯定して進化していくために、「Think Different」という信念に自分の生きる意味合いを見出しました。そして、iPhoneを通して、彼の追い求めた「新しい意味」に世界が書き換わっていったのです。

あなたの「WHY」はどこにありますか？

信じて貫けば、世界を書き換える力になります。

『君の名は。』『シン・ゴジラ』の大ヒットの秘密「新しい意味」の流通

iPhoneほど大きな革命なんて、自分には起こせないと思うかもしれません。しかし僕らは、スティーブ・ジョブズさんが携帯電話に「新しい意味」を吹き込んだようなことを、日常ですでに行っているのです。

2016年は、邦画が大ヒットした年でした。『君の名は。』は興行収入が213億2000万円、『シン・ゴジラ』は81億1000万円（いずれも2016年12月25日時点）を記録しています。

両作の特徴は、SNSで話題が話題を呼び、一度観た人が友達を誘って何度も観に行ったことです。

この現象を説明するうえで、僕はアニメ・特撮評論家の氷川竜介さんの分析にハッとさせられました。

この2つの作品の特徴は、圧倒的な絵と音のすごさで作品の世界観に引き込まれた先にある、複雑なプロット・伏線の嵐です。

なので、つい観客は、自分が映画をどう解釈したか、自分にとっての意味合いを語りたくなります。

特に、自分なりの解釈をした後にもう一度映画を思い出すと、その映画は全く違う魅力を帯びるのです。

だから、もう一度観たくなる、自分なりの解釈を人に話したくなる、誰かと映画の見方が変わる感動を共有したくて、誘いたくなる。

たとえ自分なりの解釈がなくても、インターネットの世界では、SNSやブログを通して他人の解釈がシェアされていきます。誰かの解釈を聞くことで、映画の意味・重みが全く変わってくる。「そんな見方があるなんて！」と、つい他の人にも聞かせたくなる。誰もがうなるような解釈は、インターネット上や口コミでどんどん拡散されていきます（さらにいえば、そういう〝秀逸な解釈〟を人より先にシェアできる〝僕かっこいい〟という承認欲求も、この拡散を加速させているでしょう）。

このような上昇気流に乗って、『君の名は。』や『シン・ゴジラ』の解釈、見方は何度も上書きされていき、その度に映画の新しい魅力を体験したい観客を巻き込み、巨額のヒットを生み出していったのです。

これは、生まれたときから周囲がモノで溢れていた「ないものがない」世代が大好きな、既存のモノに「新しい意味」を提供することで「今あるものが全く違う魅力あるものになる」という新しいビジネスのあり方です。

最近は、生活をちょっと便利にする100円均一ショップ「ダイソー」より、生活に新しい意味をもたらす低価格な北欧雑貨店「フライング タイガー コペンハーゲン」が流行ってきています。

これも、日常の中に課題がなくなった時代に対する、ひとつの答えなんだと思います。

フライング タイガー コペンハーゲンで売られているメモクリップ、ファイルケース……これらは主に100~500円程度で売られているものですが、ユニークなデザインによって、日常生活を彩り、ちょっとクスッと笑わせてくれる、豊かな意味を持っています。

＊商品は売り切り制となっているため、現在販売していない可能性があることを予めご了承ください。

そう、世界の見え方を少し変える「新しい意味」は、たとえ300円の商品でも、たったひとつの映画の解釈ツイートでも、もたらすことができるのです。

あなたがもたらすことができる小さな「新しい意味」はなんですか？
何気ないSNSポストのなかでも、見つけていくことができるはずです。

あなた発イノベーションの起こし方

「新しい意味」は、ジョブズさんがそうであったように、身体の内側から起こってくるものです。彼の場合は「Think Differnt」という「WHY」でした。

第2章でご紹介した「偏愛マップ」のように、人間は自分の好きなもの、こだわりのあるものは、他人よりもはるかに高解像に見えます。

あなたの「好き」「あなたの歪み」は、他人にとって、今ある世界を新しい意味で楽しむことができるようになるための源泉なのです。

Twitter や Instagram などのSNSで、ふと思いついた自分の解釈を共有していけば、共感をしてくれる仲間に出逢ったり、誰かの世界の見方を更新させていくことができます。

中高生に絶大な人気を誇る「ぼくのりりっくぼうよみ」さんや、「SEKAI NO OWARI」さんの歌詞は、大人が聴くととても厨二病的ですが、その歌詞の裏側にある想いに共感し、彼らの歌によって世界の見方が変わるからこそ、人気を呼ぶのだと思います。

では、誰かに「新しい意味」を提供する源泉となる、自分のなかの「好き」や「歪み」をどうやって育てていけばいいのでしょうか？

それは、まずはアウトプットを目的とせずに、ただひたすら「没頭」すること、だと思います。

これは、これまたマッキンゼー時代からの師匠である安宅さんのＳＮＳポストや安西さんのヒントから自分なりに解釈したなかで生まれたアイデアです。

世の中の人にとって「新しい意味」をもたらすものは、人との違いや、ズレから生じる「好き」や「歪み」です。

なので、人との違いが自分にとって確固たる強度なものへと成長する前に、他の人にアウトプットしてしまうと、他人の評価軸や基準を取り込んでしまい、折角の歪みがなくなってしまうかもしれないのです。

例えば、「虹は何色ですか?」という話をすると、日本人は7色と答えます。しかし、アフリカのアル族には8色に見えていたし、沖縄の一部の地方では2色に見えるという話もあります。

子どものころに見えていた虹の色は、もっと色鮮やかだったかもしれないし、単色にしか見えていなかったかもしれません。でも、いつのまにか「虹」と聞くと、7色で描くようになっているし、自分でもそうとしか見えないようになってしまっている。

だから、自分にしか見えない色や風景は、こっそり育てていくのがいいのです。他の人に話して、「人と違う自分が悪いんだ」などと思い込まず、直さなくてもいいくらいまで、しっかりと育てていきましょう。自分の虹の色の見え方を世の中に発信すると、「虹は7色じゃない!」と批判の声があがってくるでしょう。

しかし、それでも自信を持って発信し続けたら「俺にもそう見えた」と共感する人や「いやいや、私にはこう見えるよ」と言って楽しんでくれる人が現れてきます。

それが、日常のなかに新しい意味をもたらしてくれるフライング タイガー コペンハーゲンのグッズのように、誰かが気に入ってくれれば、それが価値になり、あなたのビジネスにつながっていくかもしれないのです。

MITメディアラボが重視する4つのP

「はじめに」で書いた、「乾けない世代」の特徴である、「自分が頑張る意味が持てるもの」に「自分が好きな人達」と「とことんハマる」ことを重要視する。金銭や物理的な報酬とは関係なく〝自分の好き〟を追求するという姿勢はこれからとても大事であることが分かってきています。

ＭＩＴメディアラボでは、学ぶときに４つのＰを重視しています。

Project（一定期間で共通の目的を達成するプロジェクト）
Peer（共に歩む仲間）
Passion（熱い熱意）
Play（遊び心）

「新しい意味を作っていく創造的」なことは楽しみながら歩んだほうがずっといいのです。

つまり、「乾けない世代」は、誰でもできることはＡＩがやってくれる時代において、新しいことを創造していく、一番大事な資質を既に持っているのです。

後は、その資質を自分の熱意が持てる「好き」や多様性のある仲間にどう広げていくかなのです。

好きを、「生きがい」に変えていく

さて、いよいよまとめに入っていきましょう。ここまで、主に3つのことをお話ししてきました。

1、「ないものがない」時代から生きる「乾けない世代」は、上の世代に比べ、「達成」や「快楽」よりも「意味合い」「良好な人間関係」「没頭」に意味を置く世代であること。この世代だからこそ作れる「新しい価値」があるということ。

2、その「新しい価値」は、自分だけの「好き」や「歪み」から生まれやすいということ。

3、「自分だけの世界の見方」を発信すると、それが他の人にとって「新しい世界の見方」になったり、既存のモノに新しい意味を与えたりすること。

そして、自分だけの「好き」の見つけ方、育て方や注意点などもお話ししました。最後は、「好き」をいかに人生の柱である「生きがい」まで変えていくのか、について説明していきます。

「生きがい」について、非常に分かりやすく表した図があります。この図はＳＮＳで拡散され、共感を呼び話題になったものですが、詳細な出典元は不明です。製作者はおそらく英語圏の方だと思いますが、日本語の「生きがい」という言葉は、英語に訳しにくい言葉のようです。そのため、「Ikigai」という言葉のままになっているのが面白いですね。

Ikigai の図

「自分の好き」をIkigai(生きがい)に変えていく

Ikigai（生きがい）とは、「That which you love（あなたが大好きなこと）」「That which the world needs（世界が必要としていること）」「That which you can be paid for（あなたが稼げること）」「That which you are good at（あなたが得意なこと）」の４つの点が交わるところに生み出されるものです。これまでの僕のエピソードや、

「ぼくのりりつくのぼうよみ」さん、はたまたあなたが思い浮かべる〝生き生きと働いている人〟を、4つの点に当たる要素にそれぞれ当てはめてもらうと分かりやすいのではないでしょうか。

「好きなことだけで生きていく」ことは、「That which you love（あなたが大好きなこと）」のことですよね。でもそれだけじゃなくて、実は「That which you are good at（あなたが得意なこと）」のことでもある。人は、自分が好きなことはいつまでも続けていられるものなので、やり続けているうちにそれが「好きなこと」＝「得意なこと」に進化していくのです。

すると、好きで得意なことは、誰よりも時間をかけてこだわったり、逆に他の人よりも素早くこなしたりすることができる。例えばあなたが根っからの韓国料理好きだったとしましょう。家でも美味しい料理を食べられるように、レシピ本を買い込んで研究しているうちに、腕が上がりますよね。そして、韓国料理なんて作れない多くの人は「こんなに難しいことが、この人には簡単にできちゃうんだ！」と感動するので、そこに価値が生まれます。

人は、自分にはできないこと、つまり〝有ることが難しい〟ことにありがたみを感じる。そして、「こんなに美味しい料理を食べさせてくれるなら、お金を払いたいくらいだよ！　何かお礼をさせて」と感謝をしてくれる。この状態が、「That which you can be paid for（あなたが稼げること）」です。

そして、自分が好きで得意なことが、同時に世界によって求められるものであれば、生きがいになります。世界といっても、全世界のことではなくて、あなたのコミュニティのサイズでいいのです。例えば、激戦区である新大久保に韓国料理店をオープンしてもあまりありがたがられないけれど、まだ海外の料理の店すらない地域にオープンしたら、住民から「これからはわが町で韓国料理が食べられる！」と喜ばれます。

このように、周りからありがたがられるようなことが、「That which the world needs（世界が必要としていること）」です。以上の4つの点が全て重なると、それがあなたにとっての「生きがい」になり、さらに「生きがい」が増えていく。はじめは自宅で自分だけのために作っていた韓国料理が、しだいに友人から町の人々へと広がっていき、さらに味を試行錯誤していくうちに評判を呼び、ついにはレシピ本になって、全国の韓国料理ファンのもとへ届けられるようになるかもしれない。

僕は、これが本当の意味での「好きなことだけで生きていく」状態だと思うのです。
あなたにとっての「好き」が見つかると、自然とそれが「ライフワーク」になり、人生のなかの「ライフワーク」のバランスがしだいに増えていきます。好きなことをしているときは、いくら時間が過ぎても気が付かないいくらい幸せなもの。だからといって、好きなことばかりしている時間が極端に増えたり、「生きがい」の4つの点のバランスがうまくとれずに、養うべき家族や子どもが犠牲になったりするのは本末転倒です。

あなたにとって先の図の4つの点が交わるモノは何か、見極めていきましょう。

どうやって
ライフワークを
増やしていくか？

自分が食べていく（家族を生かしていく）ためにやるべき仕事を「ライスワーク」といいます。「ライフワーク」の部分を広げていくには、まず自分のなかで「ライスワーク」と「ライフワーク」を明確に使い分けることが大事です。

「ライスワーク」を、「ライフワークに自分が没頭できるための お金と時間とリソースを生み出すもの」と捉えてもいいでしょう。それくらい割りきって、平日は目の前の仕事に集中して、お金を稼ぐ。そして、帰宅後や週末になったら「ここからはライフワークの時間だ」と切り替え、好きなことや自分が得意なことに時間を投資し、磨いていく。

そうしていくうちに、「好き」が「得意」になり、「お金」になり、「世界が求めること」と合致したとき、4つの点が重なり、「生きがい」で稼げるようになっていきます。そして、「ライフワーク」での稼ぎが、「ライスワーク」に頼らなくてもよくなってきたころ、あなたが「生きがい」を追求して生きていく人生が本格スタートしていくのです。

新社会人の方へ

とはいえ、もしあなたがまだ新社会人ならば、まずは目の前の仕事をひたすらにこなし、集中することを優先してください。誰よりも熱意を持って目の前の仕事に時間をかけ、他の人との差によって「この人にはお金を払ってもいい」と会社に思ってもらえるだけの仕事をすることを、まずは頑張りましょう。好きなことで生きていく前に、まずは自分が食べていける足場をきちんとつくること。そこからじっくり時間をかけて、「ライフワーク」を磨いていけばいいのです。

もちろん、好きなことがすでにあるなら、それは慌ただしい新卒時代を生き抜く支えになります。好きなことを見つける作業も、楽しいひとときになるでしょう。普段の仕事のなかでも、だんだんと自分の得意なことの芽が見えてくるでしょう。「生きがい」の芽を見つけるのは早いに越したことはないですが、それを仕事にしていくプロセスで焦る必要はないのです。「生きがい」を磨いていく人生は、一生かけて作り上げていくものですから。

はじめはちょっと孤独。
それでも！

日本がここまで短期間で成長したのは、戦後に「人間がロボット状態になって働く」ことを一度受け入れたからです。だからこそ、今の僕があり、あなたがある。それは、ありがたくて素晴らしいことです。

しかし、これからはもう誰かがロボットのように感情を殺して働かなくてもいい時代なのです。なぜなら、それはもう高性能なＡＩやロボットが代わりにやってくれるようになるから。ロボットのように働いていた人たちの仕事はなくなるのです。

そうなってくると、僕のようにひたすら自分の強みを磨き、自分の「生きがい」のために働くか、いっそ引きこもってやりたいことをやり続けていくかしか、選択肢がなくなってしまうのです。でも大丈夫。どんな人にも「生きがい」の芽というものはあります。それをじっくりと見つけてほしいのです。

自分が好きなことを探し出すとき、どこからともなく、こんな声が聞こえてくるかもしれません。

「そんなことしたって誰にも認められない」

「そんなことお金にならない」
「そんなことが好きだなんて、みんなから白い目で見られるよ」

不思議なことに、誰にそれを言われなくても、自分で自分にそうささやいてしまうものです。それはもしかしたら、大人になっていく過程のなかで、誰かが悪気なくあなたにかけた〝呪い〟なのかもしれないし、傷ついたり失敗したりするのが怖くて、いつしか自分でかけた制限なのかもしれません。

でも大丈夫。あなたが心底楽しそうに没頭し、それが少しずつ形になっていく背中を見ているうちに、周囲の人はだんだんと巻き込まれ、応援してくれるようになります。

「生きがい」を探しているうちに、ついつい「これをやったら称賛される」というような、他人の評価を真っ先に考えてしまうこともあるでしょう。ですが、本章にはそういったノイズをなるべく排除して、純度の高い「生きがい」を見出すことがいかに大きな成果を生み出すかについても、盛り込んだつもりです。ぜひ迷いそうになったら読み返してみてください。

「生きがい」を磨く生き方は、はじめはちょっと孤独です。一人部屋で絵を描く時間も、誰にも自分の「好き」を理解されないことも、寂しいものです。でも、その孤独こそが、あなたの「生きがい」を確固たるものへと鍛え上げてくれます。そして信じて貫いていくと、同じ高みを目指してきた人との出逢いが始まり、本当の意味での「仲間」が増えていきます。僕は今、世界中に仲間を持っています。それが僕の一番の自慢です。自分だけの道を歩み、たどり着いた地平から、もう一度素足でこの世界を眺めると、どんなピンチもチャンスに変わる、素晴らしい世界であることを実感できるはずです。

おわりに

尾原和啓です。本書を読んでいただき、ありがとうございます。
本文の前に「おわりに」を読まれる方、はじめまして（僕もそのタイプですが、この本の内容は「はじめに」に8ページでまとめているのでそこも読んでくれたら嬉しいです）。

この本は僕が一番馬鹿にしていた「ゆとり世代」「さとり世代」と切り取られてしまっている若い方々のすごさに気づき、その可能性と育み方について考え、彼らを理解できないが故に彼らの魅力を引き出せていない上の世代と若い方々とのコラボレーションの仕方について考え続けている旅の記録です。

日本の若い方に失望していたんです（おろかな僕）

僕はある友人から「IT業界の〝屯田兵〟」だねって言われました。
〝屯田兵〟っていうのは、北海道という、すごく豊かな可能性に溢れながらも、予測不能な危険もいっぱいある土地に最初に飛び込んでいった方々のことです。

僕が京大で人工知能の研究をするかたわら、サーバーの管理者をしているときに阪神淡路大震災が起こり、僕は1年近く被災地を中心に生活し、ボランティア活動をしていました。

それは本書のなかにも少し書かせていただいたように、他の方々の苦難を少しでも支えるなかで（失礼な言い方なのですが）自分が最も成長できる、本当にありがたい機会だったのです。それから、僕は人から見ると分からない危険な所、変化の所に先に飛び込むことの中毒になってしまいました。被災地のボランティアが僕の最初の「屯田兵」的な体験です。

その後も、マッキンゼーというコンサルタントファームを最初の職場に選んで以来、幸いなことに、「iモード」という、最初は誰もが、携帯でネット？　しかも白黒の文字だけで？　と馬鹿にしたものに取り組み、みなさんの生活をほんのちょっと豊かにする経験をさせていただき、「emoji」という世界中の人が感情豊かにコミュニケーションをすることができるアイテムの、ドットを打つという貴重なプロジエクトの一端を担いました。

その後、リクルートで、紙じゃなくてネットで人が転職したり人生の決断をするという、当時は画期的だったサービスを担い、Google では Android や、ＡＩサービスの始まりである Google Now を開発し、楽天では決済やイスラエルベンチャーの買収後統合など、まだ、「人がネットで人生の決断をする？　それに企業がお金を払う？」「Android？　iPhone のパクリでしょ？」とか言われていたなかで「こっちは意外と楽しいよ、危険もこう制御できるよ」といち早く、プラットフォームの基礎を作って、みんなを呼び込むのが楽しかったです。

でも、飽きっぽいから、みんなが来てくれたころには、次の開拓地に飛んでいくってことを13回繰り返しています。

そんな僕から見えた次の未開拓の地が「リゾートワーカー」という、リゾート地を飛び回りながらクリエイティブに働く生き方でした。

これは、facebook という世界のどこにいても孤独にならずつながっていられるプラットフォームが、月間20億人ユーザと、もはや中国を越える規模の最大の国家となってくれたから、Wi-Fi が世界中に飛んでいて、大概のところでビデオ会議ができるようになったからです。

だからこそ、楽天の執行役員を辞めて、バリ島に家族で飛び込みました。こんな阿呆な〝屯田兵〟をFringe81を始め色んな会社・団体に支えていただき本当に感謝です。

面白がっていただき、経産省の対外通商政策委員や産総研の人工知能研究センターのお仕事を受託したりと、今は、シンガポール・バリ島などをベースにしながら世界中から発信を続けております。

そして、本題です。

僕が飛び込んだ先のインドネシアや東南アジア。そこで出逢えたのは、目をキラキラさせて未来を渇望する若い方々です（今思えば彼らは「ないものがたくさんある」人達なんですね）。

なので、彼らとワークショップをしたり話しあかしたりした後、日本に戻ってきて学生の方に会うと、もう目の色が違う。反応がにぶい。さらに、未来が劇的に変化すること、あなた達が就職したいと思っている人気企業ほど、全く違うルールに代わり、生き残れるか分からないって話をすると、「こんな変化、今まで誰にも教えてもらわなかった、何で教えてくれないんですか？」とキレられる始末。

日本は大好きなんだけれど、日本の人達に時間を使っていくよりも、東南アジアの人達に時間を使っていったほうがずっといいや。なんて、不遜なことを考えちゃっている自分がいました。

編集の箕輪さんが救ってくれた「乾けない世代」という言葉

元々のきっかけは、次の本のご相談をNewsPicks編集長の佐々木さんにご相談したところ、それならぴったりな方がいるとご紹介いただいたのが、幻冬舎の箕輪さんとダイヤモンド社の横田さんでした。

最初の印象は、とにかくレスが速く熱くて調子のいい兄ちゃんだなぁ。だったのですが、僕の話を面白がってくれて、最初は僕がGoogleだったりTEDxだったり、世界で経験している第3章にある新しいチームの作り方の話が中心でした。そして、色々話しているなかで箕輪さんが興奮しておっしゃいました。

「尾原さんが言っていることを考えると、若い人達が理解できますよ、彼らは『な

箕輪厚介
@minowanowa
フォロー中

今日は尾原@kazobara さんに取材して、最近のモヤモヤが晴れた。
俺は乾けない世代なんだ。生まれた時から物がなかった世代は、達成や快楽がモチベーションになってモーレツに資本主義的幸せに邁進できるが、生まれた時から満たされてる乾けない世代は、仕事には達成より意味合いを求める。

22:00 - 2016年8月23日

いものがない』だから『乾けない』。でも、上の世代は『ないものがある』こと至上主義だから嚙み合わないし、彼らの良さが活きないんですね。ここをうまく書けたら、新しい本ができますよ」

この一言で一番衝撃を受けたのは実は僕自身でした。自分が勝手に「今の若い方は」と言っていたのは、相手のことを理解しようとせずに勝手に彼らは東南アジアの若い方より価値が低い、ともすれば無価値だと思っていたんだ、と自分に対して愕然としました。

「価値＝違い×理解」っていう方程式を一番大事にしているはずの自分が、いつの間にか若い方を理解の壁の向こうに置いていたのです。

それから、色んなところで若い方々と改めて話をし直しました。本を読みました。この本に書いていることは「ミレニアル世代」とアメリカでは言われていることで、知識として分かっていることでしたが、改めて話していくなかで、自分の言葉として再構成していきました。

なので、この本は、箕輪さんが僕に光を与えてくださってから、世に出すのに1年以上の時間がかかっています（箕輪さん、弥恵さんごめん！）。その過程で本当に色んな方々から言葉・エピソードをいただきました。まだ考え続けています。

自分なりに理解の幅を広げていくことで、「ゆとり世代」「さとり世代」といって自分のなかで理解せずに勝手に価値ゼロと言っていた方々が、どれだけ可能性に溢れた方々か、未来により近い方々かっていうことが見えてきました。

いつものように、僕の本にはオリジナルなことなんて何ひとつありません。みなさんからいただいた言葉を自分なりに咀嚼して言い換えていった言葉をつらねています（なので咀嚼間違いがあったり、オリジナルのほうを書き損ねていたりすることが多々あると思います。ご指摘いただけたら、次の版で修正していきたいと思います。よろしくお願いいたします）。

シェアの先に社会がある未来の人たちへ

この本には、もうひとつのテーマがあります。ネットが若い方にとってすっごい武器になるということです。僕の2つの前著はAmazon電子書籍にて総合1位になりました。ネットの基礎を分かりやすく書いた第1作『ＩＴビジネスの原理』はありがたいことに2年連続でAmazon電子書籍ビジネス書でTop10になるロングセラーとなっています。

でも、この本、ネットに疎い若い方に、ネットって人をより自分らしく、幸せにするもんなんだぜということを届けた本なんですが、売れる場所は一部の大学の方々が教科書として取り上げてくださる以外は、ＩＴベンチャーの集まる渋谷・六本木エリアでした。（もちろん、それとて大変幸せなことなのですが）次の本こそ、多くの若い方々に届けたいって色んな方に相談していたのです。

先にも書きましたが、そこで、若い方に伝える天才、NewsPicks編集長の佐々木さんに相談したところ紹介していただいたのが、箕輪さんでした。

この本は、人の心、仲間のあり方を書いた本でありながら、人の良さ、チームの楽しさ、すごさを引き出すことにネットはすごく役立つんだぜっていう本でもあります。

なので、この本が気に入ってくださったら、僕の前著、『ＩＴビジネスの原理』と『ザ・プラットフォーム』も手に取っていただけたら嬉しいです。

『ＩＴビジネスの原理』 → http://amzn.to/Z0ngBJ
『ザ・プラットフォーム』 → http://bit.ly/obara-platform

この若い方ってすごい！　と感激する旅はまだまだ続きます。

特に今、iPhoneが生まれて10年。社会的に多感な14歳ごろにiPhoneを持ちだした方達が24歳の社会人になり、アーティスト、ベンチャー起業家として次々に活躍し始めています。

この生粋のiPhone世代の方々は、目の前のリアルな人間関係よりもネットでの人間関係のほうが濃いので、柔軟に進化していきます。

この本で語りきれなかったことは、この本のオリジナルのインサイトを与えてくださった方とネット上で対話を続けていきます。石川善樹さん、落合陽一さん、古川健介さん、色んな方ともっとみなさんにヒントを提供することができればと思います。こちらにアップしていきますので楽しみにしていてください。

↓ http://obarakazuhiro.jp/kawakenai/

ここで書かれている自分だけの好きの見つけ方は盟友ドミニクさんと「シンクル」という、「好きだけでつながれるコミュニティアプリ」をFringe81からリリースさせていただきました。この「シンクル」はお陰様でApple選出のiPhone２０１６年の年間ベストアプリをソーシャル部門で唯一いただくことができました。もし、自分だけの人には分かってもらえない好きがあったときは、このアプリの門戸を叩いてみてください。

↓ http://www.fringe81.com/product/syncle.html

最後に、本作を書くに当たり、本当にたくさんの方々に支えられました。

担当編集の箕輪さんには、「乾けない世代」等の数々の素晴らしい着想と、読者世代代表として鋭い指摘をたくさんいただきました。

共同執筆の小野田弥恵さんには、バリ島まできていただいて、森を歩きながら、プールに足をつけながら、僕の思考の旅に付き合っていただき、あのこんがらがった会話から、これだけ分かりやすい文章に落としていただき感謝感謝です。

バリ島に飛び立つときに最初に倒れ込んだら見事に受け止めてくださり、その後もわけの分からないイベントの場を支えてくださっている田中弦さん始めFringe81の方々、ありがとうございます。

石川善樹さん、落合陽一さん、李英俊さん、ドミニク・チェンさん、安宅和人さん、Motomi Sasakiさん、古川健介さん、佐渡島庸平さん、西野亮廣さん、前田裕二さん、武田純人さん、篠田真貴子さん、青木耕平さん、安西洋之さん、仲山進也さん、数々の好きで生きている楽天の店長の方々、ここには書き切れないみなさん。

facebook上のわけの分からないポストやメッセージに付き合ってくださり、東京にいるときは深夜、早朝のごはん、わけの分からないイベントに付き合ってくださって感謝です。みなさんが見せてくださった風景、僕には見切れていないところがたくさんですが、若い方々に伝わる言葉につむぎ直すことができていたら幸いですし、これからも「新しい意味」の創出や、新しい世代・技術のなかに眠っているすごい力を言葉にしていくことで、みなさんとキャッキャし続けられたら嬉しいです。

そして、いつもいつも、僕のような人間を自由に羽ばたかせてくれている千葉道場やパートナーのみなさん、本当にありがとうございます。家庭を支えてくれている妻の美奈子、むしろ最近はネットの使い方を教えてくれる娘の那奈子、一緒に冒険をしてくれて感謝です。

僕の経験したこと、僕がラディカルに生きている暮らし方、ものの見方が少しでも他の方の役に立てれば幸いです。講演やメディア等ご興味あれば、僕のようなぶっとんだ人のエージェンシー Qreator Agent までお問い合わせください。

→ http://bit.ly/QA-Obara

はい、最後までお付き合いいただきありがとうございます（「おわりに」から読んで、ちょっとでも本に興味を持ってくださった方は、あと3分で読める「はじめに」だけでも立ち読みし続けてくれたら嬉しいです）。

これからもネットやイベント、本で、変化・違いを楽しみ、自分達の好きを探求する旅にご一緒できれば嬉しいです。

2017年8月　バリ島、たくさんの好きと歪みの権化、神と小鬼が踊る島から

尾原　和啓

参考文献

第1章

▼「達成」「意味合い」5つの幸せについて
『ポジティブ心理学の挑戦 〝幸福〟から〝持続的幸福〟へ』マーティン・セリグマン（ディスカヴァー・トゥエンティワン）http://amzn.to/2wSrPjg

第2章

▼時代の混乱を呼び起こす、4つの革命、落合陽一さんに興味をもったら
『超ＡＩ時代の生存戦略』落合陽一（大和書房）http://amzn.to/2wd6x2R

第3章

▼ストレングス・ファインダーについての本
『さあ、才能（じぶん）に目覚めよう 新版 ストレングス・ファインダー2.0』（日本経済新聞出版社）http://amzn.to/2vKQgiu
▼強みを活かすチームビルディングについて
『今いるメンバーで「大金星」を挙げるチームの法則――「ジャイアントキリン

グ」の流儀』仲山進也（講談社）http://amzn.to/2i91Dxw
▼偏愛マップについて
『偏愛マップ――キライな人がいなくなる　コミュニケーション・メソッド』斎藤孝（NTT出版）http://amzn.to/2wSd1Bk
▼新しい組織・チームのあり方の変化について
『40歳が社長になる日』岡島悦子（幻冬舎NewsPicks Book）http://amzn.to/2wcNupC

第4章
▼新しい意味について
『突破するデザイン　あふれるビジョンから最高のヒットをつくる』ロベルト・ベルガンティ（日経BP社）http://amzn.to/2xaBYr5
▼自分だけの色やネット時代の生き方について
『ウェブ時代をゆく――いかに働き、いかに学ぶか』梅田望夫（ちくま新書）http://amzn.to/2erEOV4

ブックデザイン　トサカデザイン
（戸倉巌、小酒保子）
ブックライター　小野田弥恵
編集　箕輪厚介（幻冬舎）

モチベーション革命
稼ぐために働きたくない世代の解体書

2017年9月30日　第1刷発行
2018年5月25日　第6刷発行

著者
尾原和啓

発行者
見城 徹

発行所
株式会社 幻冬舎
〒151-0051 東京都渋谷区千駄ヶ谷4-9-7
電話　03(5411)6211 [編集]
　　　03(5411)6222 [営業]
振替　00120-8-767643

印刷・製本所
中央精版印刷株式会社

検印廃止

Printed in Japan
ISBN978-4-344-03182-1　C0095
幻冬舎ホームページアドレス
http://www.gentosha.co.jp/

この本に関するご意見・ご感想をメールで
お寄せいただく場合は、
comment@gentosha.co.jpまで。